I0479433

Brevísima historia
del dinero
y la banca

Elías Rivera

Brevísima historia
del dinero
y la banca

Acompañada de instrucciones
para sobrevivir a la inflación

VOCES
TEMPORIS
2019

Título original: *Brevísima historia del dinero y la banca. Acompañada de instrucciones para sobrevivir a la inflación*

Primera edición en Editorial Voces Témporis: 2019
D. R. © Elías Rivera, 2019
D. R. © Editorial Voces Témporis, S. de R. L. de C. V., 2019

ISBN: 9798391679448

La imagen de la cubierta es cortesía de jdblack, disponible en Pixabay.

Todas las imágenes incluidas tienen una licencia Creative Commons y pueden ser reproducidas libremente. Para detalles sobre el tipo de licencia específico, revise los enlaces al pie de cada foto.

Todos los derechos sobre el texto y la edición están reservados. Queda prohibida su reproducción total, así como su distribución con fines de lucro, sin autorización por escrito de los titulares del copyright. Se autoriza únicamente la reproducción de pasajes aislados en publicaciones de carácter educativo, periodístico, crítico o académico, de acuerdo con lo contemplado en el artículo 148 de la Ley Federal del Derecho de Autor (México), la United States Copyright Act (sección 107 ó 108) y legislaciones homólogas del resto del mundo.

Para cualquier aclaración, solicitud o sugerencia en relación con este y otros títulos de Voces Témporis, escríbanos a nuestra página de facebook o a la dirección electrónica voces.temporis@gmail.com.

CONTENIDO

ADVERTENCIA

Cuando empecé a escribir este libro sólo pretendía que fuera una obra de divulgación enfocada en la historia natural del dinero y en las catástrofes inflacionarias. Como frecuentemente me ocurre, la idea original creció hasta incluir elementos de teoría monetaria y análisis de políticas públicas, así como estudios de casos para ofrecer a los lectores algunas guías que les ayuden a distinguir las señales de alerta y a proteger su patrimonio en caso de necesidad.

Repito, esta obra no es un texto académico, es un trabajo de divulgación que sólo busca explicar su tema de la forma más clara, coherente y entretenida posible. Aunque fui rigurosamente honesto al redactarlo, mi propósito exigía simplificaciones y analogías que, para la ortodoxia económica, pueden ser criticables. Asumo la completa responsabilidad de sus limitaciones, pero considero que no había otro camino si deseaba volver accesibles estos temas tan complejos pero tan relevantes.

Asimismo, para no hacer pesada la lectura, opté por reducir al mínimo las notas y por redondear algunas cifras (sobre todo las que se refieren al pasado remoto y que ya de por sí tienen irremediables incertidumbres). Al final enlisto todas las fuentes que me brindaron datos y orientación, pero sobra decir que cualquier inexactitud, aún cometida de buena fe, es responsabilidad mía y sólo mía.

Elías Rivera
Diciembre de 2019

INTRODUCCIÓN

Se trata de uno de mis recuerdos más antiguos. Ignoro la fecha exacta, pero tuvo que ocurrir una noche entre 1983 y 1984, pues aún vivíamos en aquel segundo piso, en ese lugar diminuto encima del departamento más espacioso al que nos mudaríamos meses antes del gran temblor del ochenta y cinco.

Con la misma consistencia difusa y entrecortada de los sueños, miro a mi padre sentado ante la mesita del comedor. Lee un periódico. Me apoyó en su antebrazo y estiro el cuello.

Distingo una tenebrosa caricatura. Representa un bulto enorme con forma vagamente humana, que proyecta su fatídica figura hacia un umbral. Pregunto qué es, y mi padre responde: «Es el Monstruo de la Inflación». Yo abro mucho los ojos y él añade, con la voz relajada y condescendiente que usan los adultos para embromar a los niños: «Y algún día va a venir a nuestra casa».

Sentí un miedo profundo porque en ese instante de verdad creí que el Monstruo de la Inflación recorría físicamente el mundo y que cualquier noche tocaría nuestra puerta. No sé si alguna vez haya habido otro niño que en lugar de temerle al coco haya crecido temiendo la llegada del Monstruo de la Inflación.

Aunque con el transcurrir de los años aquella criatura perdió su carácter corporal, lo cierto es que continuó inquietándome. Aún recuerdo la estupefacción que sentí cuando, ya en la adolescencia, me encontré con esta foto en un volumen de la entrañable *Enciclopedia Salvat del Estudiante*:

Es un obrero berlinés durante la crisis que siguió a la Primera Guerra Mundial. En el pie de foto se explicaba que en 1923 la inflación era tan aguda que los precios subían cada hora y circulaban billetes con denominaciones que alcanzaban los cientos de billones de marcos.

Pocas imágenes me han parecido tan fantásticas y terroríficas. No me cansaba de ver la foto y de especular. ¿Aquello era el salario del trabajador? ¿De cuántos días? ¿Y tenía que cargar montones de billetes para hacer sus compras cotidianas? ¿Cómo? ¿En el maletín junto a sus pies? ¡Pero si en él no cabía ni una fracción de aquella montaña de papeles! Un mundo en el que las personas tenían que llevar su dinero en maletines era casi inimaginable. Pero ahí estaba la foto para probar que había sucedido. Y lo que más terror me producía era la consciencia de que *podía volver a ocurrir*.

Ahora soy un adulto y puedo alegrarme de que no he pasado por esa situación. Pero muchas otras personas no han sido tan afortunadas: al momento de escribir estas líneas, los habitantes de la República Bolivariana de Venezuela tienen que realizar sus transacciones habituales usando kilos de papel que poco a poco se vuelven basura.

Al ver la foto del obrero, pensaba que tal aberración debía ser como un desastre natural, impredecible e incontrolable. Era la única explicación, pues no podía concebir que las personas permitieran aquello si es que estaba en sus manos prevenirlo. Tenía que deberse a alguna inestabilidad intrínseca y misteriosa del dinero. Durante muchos años creí que los desastres económicos eran recurrentes e inevitables como las erupciones volcánicas. ¡Vaya si era ingenuo! Eventualmente descubrí que tienen una explicación, y que dicha explicación se conoce desde hace siglos.

¿Qué diablos ha ocurrido con el dinero?

PRIMERA PARTE

Vida y muerte del dinero

I. Un producto de origen natural

a) ¿Qué es el dinero?

Me atrevo a asegurar que no existe nadie que en algún momento de su vida no haya cogido un billete para examinarlo con asombro y curiosidad. ¿Cómo es que puede intercambiarse por millones de cosas manifiestamente más útiles y necesarias que el papel y la tinta con los que está hecho? ¿Y cómo es posible que dos billetes que en términos materiales no se distinguen uno del otro difieran en valor sólo porque lucen cifras diferentes o leyendas en idiomas distintos? Si los billetes se hacen con simple papel, ¿cómo es que no se imprimen más de ellos y todos nos hacemos ricos sin trabajar? Y ya que estamos en esas, ¿quién controla la impresión de los billetes y en qué se basa para determinar cuántos deben fabricarse?

En las siguientes páginas responderemos todas estas preguntas.

Cuando la gente piensa en "dinero", lo primero que evoca son las monedas y los billetes que usa en la vida cotidiana para comprar productos y pagar servicios. Sin embargo, todos sabemos que el dinero ha tenido infinidad de encarnaciones a lo largo de la historia, las cuales van desde trozos de ámbar, flechas, clavos, lingotes de metal e incluso "criptomonedas", como el *bitcoin* y el *ethereum*, que sólo existen como ráfagas de electrones en la red. ¿Qué comparten esas cosas tan disímiles?

No es necesario que nos quebremos la cabeza. Para saber qué es el dinero, la forma más sencilla es, simplemente, acudir al diccionario. El de la Real Academia Española define la palabra *dinero* como "medio de cambio o de pago aceptado generalmente". El diccionario Merriam-Webster, de manera más completa, lo define como "algo aceptado generalmente como un medio de cambio, una medida de valor o un instrumento de pago".[1] Ambas definiciones enfatizan de manera prominente aquella función que las personas tendemos a reconocer de manera instintiva y automática al reflexionar sobre el dinero: es algo que las personas utilizan para hacer transacciones. Con todo, a esa función primaria se añaden otras dos sin las cuales los seres humanos difícilmente podríamos navegar por el océano del tiempo.

---

[1] "Something generally accepted as a medium of exchange, a measure of value, or a means of payment".

> *El* dinero *es cualquier cosa que un grupo*
> *de* individuos *utilice como un* medio
> *para hacer* intercambios, *para expresar*
> *el* precio *de productos y servicios o para*
> almacenar valor.

Revisemos una por una sus tres funciones. En primera, al decir que constituye *un medio de cambio* nos referimos a que, como se expresa en el lenguaje del día a día, sirve para pagar bienes y servicios. Estrictamente, al adquirir una lata de soda cambiamos nuestro dinero por el producto y, viceversa, el vendedor cambia su mercancía por nuestro dinero, amén de que los billetes con los que pagamos los recibimos *antes* en otra transacción, y así una y otra vez. Gracias al dinero no hay que pasar interminables horas buscando a quien posea lo que requerimos y a su vez esté dispuesto a intercambiarlo por lo que le ofrecemos. Como es un bien que todas las personas están ávidas de recibir, sus servicios nos permiten tejer redes económicas complejísimas y eficaces.

Si bien la personas aprecian instintivamente su utilidad como medio de cambio, rara vez cobran consciencia de que, tan sólo por existir, el dinero ya nos brinda un servicio vital incluso aunque no lo tengamos, pues nos permite *medir y comparar el valor de bienes y servicios*. Imaginemos a un joven que acaba de insertarse en el mercado laboral y que quiere un automóvil. Efectúa cálculos y estima que reunir el enganche le tomará alrededor de ocho meses. Mientras, se dedica en sus ratos libres a comparar distinto coches. Resulta que Ford y Nissan fabrican dos modelos muy parecidos y que para él son casi igual de atrayentes. Sin embargo, el Ford es casi 10% más caro que el Nissan... aunque hay una agencia donde se puede adquirir el Ford con un enganche inferior al que piden por el Nissan... si bien en la agencia de Nissan ofrecen un seguro contra robo y accidente cuyo valor es más o menos equivalente al ahorro en el enganche del Ford... ¿Se dan cuenta? El joven aún no tiene los recursos para comprar el coche, pero el que exista una unidad de valor homogénea y cuantificable le permite hacer comparaciones y decidir cómo sacar el máximo provecho el fruto de su trabajo. Más aún, es posible que, tras calcular el valor del trabajo que requeriría para adquirir un vehículo nuevo, el joven determine que le conviene más comprarse uno usado y, con la diferencia, pagar la inscripción a una maestría o incluso ahorrar para el enganche de un departamento. Tal es el tipo de planificación que el dinero nos posibilita.[2]

Finalmente, constituye un magnífico *almacén de valor*, cuya supremacía es muy evidente cuando se le compara con otras opciones. Hace años, por ejemplo, supe de un coleccionista de LPs cuya principal motivación, ciertamente, era el placer de poseerlos, aunque también los atesoraba porque sabía que en caso de necesidad podría revenderlos. Sus LPs funcionaban claramente como depósitos de valor debido a su rareza y a que resistían bien el paso del tiempo; sin embargo, tenían la desventaja de que, a diferencia de lo que ocurre con el dinero, eran demandados por un número de personas bastante restringido, amén de que el dueño no podía acceder a su valor en fracciones. Las mismas

---

[2] Claro, hay que admitir que esta utilidad del dinero tiene sus limitaciones y que en la vida hay muchas cosas cuyo valor no puede expresarse en unidades monetarias. ¿Cuántos dólares vale el amor de tu pareja o la sonrisa de tus hijos? Son preguntas para las que sólo obtendremos respuestas ridículas si intentamos aplicarles el parámetro del dinero.

desventajas, como es obvio, habría aplicado si se hubiera tratado de cómics, estampillas postales o tarjetas de beisbol.

Es posible que el lector perspicaz, arqueando la ceja, se diga: «¡Qué exageración! El dinero tampoco es la panacea. Los billetes se desgastan con el uso y no conservan su valor, y todos saben que la suma que hoy nos alcanza para comprar diez huevos no será suficiente ni para comprar cinco en algunos años».

Lo anterior es indiscutible, pero *aplica sólo a los billetes y las monedas actuales*. Aunque podría parecer que a ellos me refería cuando hablaba de *dinero*, sólo fue una licencia para hacer más accesible la introducción, pues el llamado "dinero de curso legal" es un mediocre travesti que, pese a servirnos como medio de cambio y medida de valor, no es *dinero* en el sentido cabal de la palabra.

b) De las conchas marinas a los tubitos de cocaína

La moderna República de las Maldivas está compuesta por un puñado de islas ubicadas a la mitad del Océano Índico. Son tan diminutas que si las buscamos en Google Maps las perderemos de vista con sólo ampliar el mapa un milímetro. Sin embargo, a despecho de su aparente insignificancia, tienen el honor de ser una de las zonas más ricas en lo que indiscutiblemente ha sido la forma de dinero más longeva de la historia.

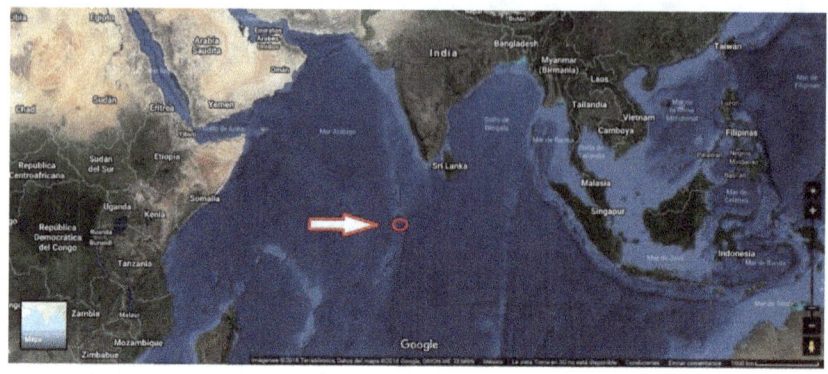

Es posible que alguna vez hayas tropezado con alguien que portara una pulsera o un collar fabricado con este tipo de conchas:

Pertenecen a un molusco cuyo nombre científico es *Cypraea moneta*, que en latín significa literalmente "concha moneda". En algún momento del siglo XIII a. de C. comenzaron a utilizarse como medio de cambio en las cuencas de los océanos Índico y Pacífico, y posteriormente en Australia, la India, China, medio Oriente y África central. Eran tan atractivas que cuando se les introdujo en el reino de Uganda a finales del siglo XVIII se consideraba que dos conchas grandes tenían valor suficiente para comprar una mujer. El economista nigeriano Green Onyekaba Nwankwo, quien en 1978 se convirtió en uno de los directores ejecutivos del banco central de su país, dio fe de la increíble perseverancia de la *Cypraea moneta* cuando relató que en su niñez recorría ávidamente las calles del mercado de su localidad porque sabía que, en medio del trajín, las personas dejaban caer las piezas más diminutas y que si lograba juntar siete u ocho podría comprarse una golosina. ¿Cómo es posible que las conchas de un humilde molusco funcionaran como dinero durante treinta siglos ininterrumpidamente, superando en longevidad a nuestras venerables monedas de plata y oro?

Además de las conchas, desde tiempos remotos la humanidad se ha servido espontáneamente de cosas muy disímiles para hacer transacciones. Entre las más socorridas se encuentra el ganado, muy popular en la República romana,[3] y que incluso hoy sirve para definir las reparaciones por ofensas graves en la legislación tradicional somalí. Sabemos, por otra parte, que los antiguos mexicas utilizaban granos de cacao, y que en las trece colonias que dieron origen a los Estados Unidos operaba un ingenioso sistema crediticio con base en la producción de tabaco. En las escuelas públicas a todos los niños se les habla de estos y otros casos, aunque sus profesores los mencionan casi siempre como detalles curiosos, sin profundizar en su fundamento.

¿Qué podían tener en común cosas tan diferentes? Tras meditarlo un poco, descubrimos que todos los bienes que las personas han utilizado como dinero son *útiles en sí mismos,* ya que sus características los vuelven aptos, por ejemplo, para satisfacer el hambre o para fabricar ornamentos y armas. Por lo mismo, cualquier cosa investida de valor (es

---

[3] Por cierto, la palabra latina *pecus*, "ganado", dio origen a la palabra española *pecuniario*, que designa al dinero en efectivo.

decir, que las personas consideren útil para satisfacer alguna necesidad) es susceptible de monetizarse.

Sin embargo, aunque lo anterior es verdad al menos en teoría, en la práctica las personas siempre han tendido a monetizar aquellos bienes que, además de útiles en sí mismos, son perdurables, divisibles y fáciles de transportar y almacenar. Cuando la gente ha tenido que recurrir a alguna cosa que no cumple con estas condiciones, invariablemente la ha sustituido con algo más satisfactorio a la primera oportunidad.

Las vacas, por ejemplo, no se pueden dividir en unidades más pequeñas, resulta engorroso trasladarlas y son relativamente vulnerables (una enfermedad o un depredador las puede matar en cualquier momento); el ganado estaba bien para transferir valores muy grandes, pero no para los intercambios menudos de la vida cotidiana. Otro ejemplo es la sal con la que se pagaba a los soldados romanos que protegían la ruta de la salitrera de Ostia; aunque la sal era útil y fácil de transportar y dividir, tenía la desventaja de ser difícil de conservar, pues si se humedecía o se derramaba se perdía para siempre. Y lo mismo puede decirse de los granos de cacao o de las hojas de tabaco, que se descomponen por ser de materia orgánica y no sirven como depósitos de valor a largo plazo.

No fue casualidad que las conchas de *Cypraea moneta* circularan durante siglos, pues poseen casi todos los atributos del dinero ideal: de entrada, son útiles en sí mismas, pues sirven para fabricar adornos y decorados; en segunda, se presentan en muchos tamaños distintos (podríamos decir que en distintas "denominaciones") y son fáciles de almacenar, transportar y contar; por último, se les reconoce a simple vista y, a diferencia del dinero metálico o de papel, son virtualmente infalsificables. Desde el punto de vista material, poseen casi todo lo que idealmente podemos pedir del dinero.

Entonces, ¿por qué dejamos de utilizarlas? ¿Por qué, a pesar de su fabulosa penetración, ya nos hacen sonreír condescendientemente? Porque la humanidad sabe que no da lo mismo cualquier "dinero" y siempre anda en busca del mejor posible. Y la elegante *Cypraea moneta*, con todo y su gallardo desempeño, no tenía posibilidad frente a los metales.

Los metales conjugan en altísimo grado los atributos esenciales del dinero: son útiles en sí mismos (sirven para elaborar herramientas y joyas), son muy resistentes, se les puede dividir en unidades homogéneas, son fáciles de transportar, almacenar y, en caso de necesidad, esconder.

Visto así, parece un absurdo que los habitantes de tantas naciones se aferraran a las conchas marinas por tres mil años. Lo anterior, empero, resulta lógico si consideramos que el desarrollo de la metalurgia fue muy lento y tardío. Y es que si bien los metales abundan en la corteza terrestre, rara vez se hallan en estado puro, por lo que se requieren técnicas de separación que consumen elevadas cantidades de tiempo y energía (cuando la *Cypraea moneta* reinaba indiscutible, *todos* los metales eran preciosos). En la actualidad vamos despreocupadamente a un minisúper y conseguimos toda clase de bebidas en latas de aluminio, pero hace sólo doscientos años era tan difícil de procesar que Napoleón III mandó hacer una vajilla de aluminio con el fin de impresionar a los comensales en sus cenas de estado. La humilde *Cypraea moneta* fue tan exitosa porque posiblemente se trató de lo más próximo al dinero ideal que la Madre Naturaleza pudo entregarnos listo para que lo cogiéramos y lo utilizáramos.

Alrededor del siglo X a. de C. se produjeron en China artefactos que podríamos considerar protomonedas. Su forma, significativamente, evocaba la de las conchas marinas, y se acuñaron a partir de metales de muy baja calidad y como meros sustitutos en una época en la que escaseaba el dinero genuino (es decir, las propias conchas). Si bien tales piezas circularon hasta las postrimerías del siglo XIX, lo cierto es que el dinero de metal no evolucionó mucho en China, donde se le consideraba un instrumento de segunda.

La triunfal marcha de los metales comenzó en otro sitio: en Capadocia, ubicada en el centro de la actual Turquía. Se presume que para el año 2250 a. de C. los herreros de Capadocia ya habían desarrollado técnicas eficaces para aislar la plata y producir lingotes. Dicho proceso continuó evolucionando hasta que en el siglo VII, en el reino de Lidia, ubicado al oeste de Capadocia, se acuñaron las primeras monedas con una aleación de oro y plata.

Una de las primeras monedas del reino de Lidia,
datada hacia el año 600 a. de C.

(Fuente: De Classical Numismatic Group, Inc. http://www.cngcoins.com, CC BY-SA 3.0, https://commons.wikimedia.org/w/index.php?curid=547604)

Como siempre ocurre con las tecnologías de acceso libre, los antiguos orfebres se consagraron a mejorar las monedas, y para que resultaran tan fáciles de identificar como las conchas marinas las embellecieron con grabados, y para impedir que los ladrones limaran sus contornos concibieron la *grafila*, que es la serie de puntos que resguarda su perímetro. Los reyes, por su parte, para facilitar el cómputo de equivalencias, decretaron que la acuñación acatara estándares definidos de peso y pureza.

La portentosa invención pasó rápidamente a las islas del mar Egeo y a la Grecia continental, en donde las técnicas de acuñación se elevaron a la categoría de arte. No es hiperbólico decir que Atenas pudo convertirse en la cuna de la civilización occidental gracias a que construyó un confiable sistema monetario a partir de la plata. Así, en el 546 a. de C. los atenienses produjeron la moneda más popular en la zona del Mediterráneo, el *tetradracma*, que tenía en el reverso una lechuza —el símbolo de Atenea, la protectora de la ciudad— y que circuló ampliamente durante casi seis siglos.

Tetradracma ateniense acuñado hacia el año 450 a.C.

(Imagen de domino público:
https://commons.wikimedia.org/wiki/File:Coin_LACMA_M.71.73.75a_(1_of_2).jpg)

Si bien los guerreros de Esparta son los que han cautivado la imaginación popular por la forma como repelieron a los persas en la batalla de las Termópilas, los indiscutibles salvadores de la cultura helenística fueron los atenienses, que gracias a la mina de Laurión pudieron financiar la flota con la que derrotaron a los persas en la decisiva batalla de Salamis, en el 480 a. de C.[4]

Históricamente, el metal más monetizado ha sido la plata, y tan es así que en muchas lenguas todavía es sinónimo de *dinero* (las monedas de oro, al ser más valiosas, circulaban en forma restringida). Continuó en uso hasta mediados del siglo XX, cuando se suprimió de forma gradual en todos los países. Sin embargo, pese a la dictadura del "papel moneda"

---

[4] Las minas de Laurión eran tan ricas que tardaron más de cuatro siglos en agotarse, y no es coincidencia que cuando eso ocurrió (hacia el año 25 de nuestra era) los famosos "búhos" comenzaran a perder popularidad.

—un instrumento que en sí mismo sirve sólo para esnifar cocaína—, las monedas de plata perduran como almacenes de valor, en ediciones especiales como la onza "Libertad" de México o la "American Eagle" de los estadounidenses.

Por otra parte, ya que seguimos utilizando monedas (si bien acuñadas con vulgares aleaciones de cobre, níquel y estaño), se puede afirmar que, al menos como tecnología, continúan en la lucha para arrebatarle a la humilde *Cypraea moneta* su lugar como el tipo de dinero más persistente de la historia.

c) El ingrediente secreto

Existen pocas leyendas tan populares como la del rey Midas. Según se dice, el padre del monarca fue Gordias, un campesino que ascendió al trono de Frigia casi por accidente (un oráculo dijo a los pobladores que eligieran como rey al primero que llegara al templo en una carreta). Considerando los orígenes de su familia, no es de extrañar que Midas creciera obsesionado con adquirir bienes materiales y que eso le causara problemas. Un día, ya en el trono, el rey auxilió a un sátiro que servía al dios Dioniso y éste, en muestra de gratitud, le propuso cumplirle cualquier deseo. Midas, atolondradamente, pidió el don de convertir en oro cualquier cosa que tocara. Al principio parecía un sueño hecho realidad. Sin embargo, el rey no tardó en descubrir que más bien se trataba de una pesadilla, ya que cualquier alimento o líquido que tocaba sus labios se convertía en oro al instante. Desesperado, suplicó a Dioniso que lo salvara, y éste le ordenó que corriera a bañarse en las aguas del Pactulus. El remedio surtió efecto y fue así, supuestamente, que las arenas de ese río se tornaron ricas en oro (de ahí se extrajo el mineral para las primeras monedas).

Además de su lección más evidente —debemos tener mucho cuidado con lo que pedimos—, la historia nos permite formular una interesante pregunta de carácter económico: *¿qué pasaría si fuera posible obtener al instante todo el dinero que deseáramos?* La pregunta es mucho más pertinente de lo que aparenta, pues no resulta difícil advertir que, para efectos prácticos, los gobiernos actuales hacen eso cada vez que activan sus impresoras de billetes. La leyenda nos insinúa que, aunque no lo parezca, todo tiene un costo. ¿Acaso los gobiernos del mundo han descubierto la forma de evadirlo?

Volvamos a la humilde *Cypraea moneta*. Como ya dijimos, a finales del siglo XVIII en las regiones más apartadas de Uganda sólo se requerían dos piezas para comprar una esposa. Hacia 1860, es decir, menos de un siglo después, para la misma transacción ya se necesitaba un millar de conchas. ¿Qué había ocurrido? Pues que su lenta pero constante importación hizo que dejaran de verse como raras y que disminuyera su valor.

Como ya dijimos, las personas han procurado utilizar como dinero bienes duraderos, divisibles, de fácil transportación y valiosos en sí mismos. Entre estas cualidades, la más problemática es el último, pues ¿qué significa que algo tenga *valor en sí mismo*? Más aún, ¿cómo se define el *valor*?

Estrictamente, el valor no es intrínseco a las cosas, sino que se lo atribuimos de manera subjetiva. Valoramos aquello que percibimos como útil, es decir, que nos permite satisfacer alguna necesidad. Existen necesidades básicas comunes a todos los individuos (comer y abrigarse, por ejemplo), pero asimismo existe infinidad de cosas útiles para satisfacer esas necesidades, y no todas las valoramos igual, pues lo que para una persona puede resultar muy necesario, para otra puede ser una extravagancia superflua. Por ello se dice que el valor se determina subjetivamente.

Aunque en principio puede parecer que valoramos las cosas por su utilidad, lo cierto es que *utilidad* y *valor* no necesariamente van de la mano. Para quien no se ha detenido a reflexionar sobre ello, resulta sorprendente descubrir que existen muchas cosas que son útiles pero que carecen de valor.

En otro libro he abordado más a fondo el tema del valor y de las teorías relacionadas, por me gustaría retomar un ejemplo que incluí en aquella obra y que me parece muy adecuado para comprender la relación sutil, aunque no recíproca, entre utilidad y valor. Resulta innegable que todos tenemos la necesidad de respirar y que si no la satisfacemos estamos condenados a morir en cuestión de minutos. El aire no sólo es útil, sino imprescindible. Ahora bien, ocurre que en circunstancias normales no le concedemos ningún valor. ¿Por qué? Porque conseguirlo es tan fácil como respirar. Únicamente en situaciones excepcionales —por ejemplo, en un submarino— le adjudicamos algún valor.

A los primeros economistas les desconcertaba que la gente valorase más un gramo de oro que algo absolutamente indispensable para la vida como lo es el agua. No advertían que las personas no comparan entre sí la utilidad del oro contra la utilidad del agua en abstracto, sino la satisfacción que les brinda la adquisición de una unidad adicional de cada uno. El agua, por lo regular, es muy accesible, y un litro de más o de menos hace poca diferencia en comparación con la adquisición o la pérdida de una pepita de oro, que no abunda y que sólo puede minarse a costa de una enorme inversión.

La *escasez* constituye el ingrediente oculto que apuntala el valor del dinero. Sólo le conferimos valor a las cosas cuya existencia limitada nos obliga a esforzarnos por ellas, a administrar su uso y, ultimadamente, a atesorarlas. En un principio, las conchas de *Cypraea moneta* eran rarísimas en los países más remotos y, por lo mismo, concentraban mucho valor. De igual forma, los metales como el oro y la plata, al ser relativamente escasos y difíciles de trabajar, eran más valiosos en comparación con metales más accesibles como el cobre o el estaño, con los que se fabricaba el bronce. En síntesis, nadie valora lo que abunda y se consigue sin esfuerzo.

Cuando la tecnología aeroespacial avance lo suficiente para acceder a los yacimientos de oro y plata que muy posiblemente se encuentran en el cinturón de asteroides, dichos metales se devaluarán considerablemente. Sin embargo, no hay que ir tan lejos, pues una dinámica similar ya fue vista cuando Cristóbal Colón, en una travesía cuyo riesgo y audacia eran comparables con los de los actuales viajes a la Luna, abrió el camino hacia los yacimientos de oro y plata de México y Perú. Durante los siglos XVI y XVII fluyeron hacia Europa miles de toneladas de metales preciosos, y el incremento de dinero en circulación hizo que se devaluara y, en consecuencia, que aumentasen los precios de servicios y bienes de consumo. Se estima que entre 1540 y 1640 los precios se incrementaron en Europa alrededor de 1.5% anual, es decir, que se triplicaron durante ese siglo. Tal cifra puede parecer poca cosa para nosotros que ya fuimos obligados a ver como normal que los precios suban 2 ó 3% anualmente, pero para las personas que lo atestiguaron se trató de una experiencia traumática, pues los precios llevaban siglos estacionados en el mismo nivel.

Para que algo se convierta en dinero no basta con que sea útil en sí mismo, divisible, durable y fácil de transportar: también debe ser relativamente *escaso*. Si no fuera así, en lugar de oro y plata las personas habrían usado simples piedras, y tal es el motivo de que los billetes actuales se devalúen sin parar, pues la escasez que estabilizaría su valor es violada una y otra y otra vez por los gobiernos del mundo, que ni un solo día permiten que las imprentas de billetes permanezcan ociosas.

Volviendo a la leyenda de Midas, al rey no sólo fue miope en relación con las consecuencias nutricionales de su deseo, sino que, como la mayoría de las personas, no se percataba de que si fuera posible producir oro ilimitadamente nadie lo apreciaría.

II. La destrucción del dinero
en la antigüedad

En tiempos pre-estatales, las tribus que vagaban por el mundo se disputaban constantemente el control de los recursos naturales. A diferencia de lo que ocurre en las conflagraciones modernas, los combatientes se involucraban porque obtenían un beneficio directo o porque era necesario para preservar su integridad o la de sus familiares y amigos (y cabe señalar que, como indica la moderna antropología forense, la inmediatez de sus batallas se traducía en una violencia física horripilante).

Todo cambió cuando algunos caudillos lograron someter a suficientes personas para formar "reinos" y "naciones". Las guerras dejaron atrás la motivadora concreción de los choques tribales, pues no todos los súbditos simpatizarían necesariamente con sus "compatriotas" sólo por habitar en el mismo "país" (o sea, en un territorio delimitado azarosamente por los grupos de poder). Lo anterior se acentuaría más con el surgimiento de alianzas para entablar guerras internacionales. A partir del siglo XIX y hasta el día de hoy, con los campos de batalla a veces en las antípodas del mundo, los gobiernos sólo han podido movilizar a sus tropas mediante propaganda y coacción (así fue, por ejemplo, cuando se amenazó a los jóvenes estadounidenses con la cárcel si se negaban a combatir en Vietnam).

Fue hasta el siglo XX que la humanidad se entregó a matanzas de dimensiones nunca antes vistas, y ello se debió a que previamente las guerras internacionales fueron mantenidas a raya por un campeón insospechado: el dinero. Para llevar adelante una guerra se necesita un ejército, y los ejércitos no son gratis; incluso si a una población se le manipula lo suficiente como para que abrace una causa bélica, a los soldados se les debe alimentar, vestir y equipar, así como otorgarles un sueldo que les permita sostener a sus familias y les compense por su sacrificio para defender a la "patria" o a sus "aliados". Ese dinero tiene que salir de algún lugar. Y ese lugar *siempre* es el bolsillo de la gente, sea que el gobierno se lo apropie mediante el cobro de impuestos o que lo obtenga en forma diferida mediante un crédito (el cual, a fin de cuentas, se pagará eventualmente con lo que a la gente se le arrebate vía impuestos o vía inflación).

Si más personas comprendieran dichas verdades no veríamos a tantas legiones de atolondrados aplaudiendo aborrecibles aventuras bélicas.

a) El arma más poderosa es el dinero

Alejandro III de Macedonia, más conocido como Alejandro Magno, murió a finales del siglo IV a. de C., a la corta edad de 32 años. El imperio que construyó en sólo trece años incluía toda Grecia, Egipto, lo que hoy son Turquía, Irán e Irak, y llegaba hasta la frontera de la India, abarcando una superficie de más de cinco millones de kilómetros cuadrados, medio millón más que el Imperio romano durante su época de mayor expansión. Así, no es de extrañar que la figura de Alejandro haya adquirido dimensiones míticas y que aún hoy se comenten pintorescos episodios de su vida, como su educación bajo la tutela de Aristóteles, la forma como domó al potro Bucéfalo, la manera como "deshizo" el nudo Gordiano o la estrategia con la que su ejército de 40 000 hombres triunfó sobre los 600 000 efectivos del ejército persa.

No hay duda de que Alejandro constituyó una anomalía extraordinaria y que sólo alguien con su carisma, su inteligencia, su genio militar y su liderazgo hubiera podido realizar una empresa de tal magnitud. Sin embargo, lo cierto es que hubo también circunstancias financieras únicas sin las cuales Alejandro III de Macedonia nunca se hubiera convertido en Alejandro Magno.

Resulta que, aparte de la mina Laurión, que proveyó a los atenienses con recursos para enfrentar a los persas, sólo existía otro gran yacimiento de plata pura en la región, y se encontraba en Macedonia. Filipo II, el padre de Alejandro, amén de unificar a las tribus de pastores e introducir mejoras agrícolas, empezó a acuñar monedas con el objetivo declarado de invadir el Imperio persa. No pudo llevar a cabo su plan porque fue víctima de un complot de asesinato, pero le dejó a su formidable hijo la mesa puesta para conquistar el mundo. Así, cuando el joven Alejandro arrancó su aventura militar disponía de fondos para pagar *diariamente* quinientos kilos de plata por las comidas y los generosos salarios de sus hombres. Después de su triunfo sobre el rey Darío III, Alejandro se volvió imparable, pues en los territorios que iba conquistando encontraba recursos adicionales para financiar su expedición. Era un genio, sin duda, pero también es innegable que su increíble trayectoria jamás hubiera ocurrido sin ventajas preexistentes y puramente accidentales.

Con todo, la suerte es impredecible y va en ambas direcciones. Así como Alejandro se vio favorecido por una fabulosa herencia, muchos pueblos se han encontrado con las manos vacías ante situaciones desesperadas. ¿Qué haces cuando enfrentas una crisis de vida o muerte y te faltan recursos?

Un siglo antes de Alejandro, en el 407 a. de C., los atenienses enfrentaron la ruina cuando sus perpetuos rivales, los espartanos, les impidieron acceder a la mina de Laurión. Enfrentándose a una peligrosa escasez de monedas, los atenienses recurrieron a la humillante medida de fundir los tesoros de la Acrópolis, y una vez consumido ese improvisado "fondo de emergencia" sólo les quedó un ardid todavía más despreciable: acuñar monedas de bronce y cubrirlas con un poco de plata. Los soberbios atenienses, que habían cautivado a los pueblos mediterráneos con sus hermosos y confiables "búhos", se vieron rebajados al nivel de falsificadores.

Aunque siempre ha sido obvio que no existen recetas mágicas para reproducir el dinero, la verdad es que, como demostraron los atenienses, sí hay una forma de *aparentar* que se reproduce: *devaluarlo*. Las devaluaciones se perpetraban en la antigüedad, simplemente, acuñando monedas con menos oro o plata, de tal forma que el grupo en el poder disponía de más piezas para satisfacer sus necesidades. Al principio, las personas las recibían inocentemente, pero la adulteración se descubría tarde o temprano y los precios se ajustaban al metal reducido de las monedas, de modo que lo que antes se pagaba con una, ahora se pagaba con dos. Desgraciadamente, para entonces la clase gobernante ya se había apropiado una porción de la riqueza de los primeros receptores de las monedas devaluadas y había minado indirectamente el poder adquisitivo de toda la población. Para los grupos de poder, la gran "virtud" de las devaluaciones era —*y sigue siendo*— que sólo engendraban un malestar difuso entre la gente, al contrario de lo que ocurría con las alzas de impuestos.

No resulta difícil advertir que cuando la clase política se atribuye el monopolio de la acuñación siempre acaba adulterando las monedas en un intento por allegarse recursos. Los atenienses, íntegros y orgullosos, son de los raros pueblos que han podido volver a cerrar la caja de Pandora, pues una vez superada la crisis retiraron de circulación las monedas de bronce y se impusieron como prioridad reconstruir los tesoros de la Acrópolis, cosa que les tomó casi cincuenta años. Pero los atenienses son más bien la excepción que confirma la regla, pues la mayoría de los gobernantes que han recurrido a la devaluación nunca se han propuesto deshacer el daño.

El proceso devaluatorio más profundo y lamentable de la antigüedad ocurrió en el Imperio romano y sigue al pie de la letra un guión que se ha repetido una y otra vez a partir de entonces, un guión que, como veremos en los siguientes capítulos, nos lleva a concluir que las depreciaciones catastróficas son fenómenos causados única y exclusivamente por los gobiernos institucionales.

b) El sueño de Midas y la pesadilla de Roma

Entre los años 264 y 146 a. de C. se dieron en la zona del Mediterráneo tres conflagraciones que, en términos relativos, equivaldrían a las modernas guerras mundiales: las famosas *guerras púnicas*, en las que se enfrentaron Roma y Cartago, las dos superpotencias de su tiempo.

Durante la primera guerra púnica (264-241 a. de C.), la asamblea de la República romana se vio en dificultades para financiar su aparato bélico, así que recurrió al ya conocido expediente de devaluar sus monedas reduciendo la cantidad de bronce que contenían. Treinta años más tarde, durante la segunda guerra púnica (218-201 a.C.), se acordó de nuevo que las monedas de cobre redujeran su tamaño a la mitad y que las monedas de plata se recortaran un catorce por ciento. Los romanos originales, tan altivos como los atenienses, concebían la devaluación como algo deshonroso, por lo que no volvieron a adulterar sus monedas en un largo tiempo.

Tras su victoria definitiva en la tercera guerra púnica (149-146 a. de C.), Roma tuvo el paso libre para transformarse en el poder supremo. Sin embargo, las cosas no resultarían tan fáciles. La necesaria disolución de su ejército produjo una crisis social instantánea, pues la mayoría de los conscriptos eran agricultores que, luego de tres años en la milicia, retornaban desfallecidos a unas tierras en total abandono. Económicamente vulnerables, estaban a merced de aristócratas y prestamistas, que los despojaban para extender sus latifundios, en un círculo vicioso que recrudecía la desigualdad y la pobreza.

En el 134 a. de C., el tribuno Tiberio Graco impulsó una reforma agraria que incluía límites a los latifundios y la reubicación de los veteranos en las tierras baldías, así como una distribución de cereales para ayudar a los desposeídos que pululaban por los callejones de Roma.

Los aristócratas, naturalmente, se opusieron a su propuesta, y el tribuno fue asesinado. Sin acobardarse, uno de sus hermanos recogió la iniciativa y, conduciéndose con mayor habilidad, hizo que se aprobara. Lo que parecía un justo remedio, sin embargo, fue el origen de una afección que, semejante a un retrovirus, manifestaría sus efectos económicos hasta muchos años después.

Aunque el reparto sería un paliativo transitorio, en efecto sucedió lo que siempre ocurre con cualquier "programa social": muchos que no lo requerían se aprovecharon de él, y la clase política no solamente lo mantuvo, sino que lo extendió, pues era un modo magnífico para congraciarse con la plebe.

Cuando Julio César se hizo con el poder en el 45 a. de C. descubrió escandalizado que tan sólo en Roma, una urbe que rondaba el millón de habitantes, los beneficiarios ascendían a trecientos veinte mil. Decidido a poner orden, instauró un procedimiento para reconocer a los que realmente necesitaban la ayuda y redujo la cantidad de beneficiarios a ciento cincuenta mil. Tras la muerte de César, sin embargo, las cifras volvieron al nivel de antes, y no fue sino hasta que su sobrino Augusto se afianzó en el poder dos décadas más tarde que las cifras volvieron a bajar, aunque sólo a doscientos veinte mil.

Según el historiador Suetonio, Augusto hubiera preferido eliminar la distribución de grano, pues no sólo constituía una carga excesiva para las arcas públicas, sino que además tenía un efecto nocivo sobre el carácter de las personas, ya que las volvía dependientes y abúlicas. Augusto, sin embargo, aceptaba también que suprimir el subsidio sería inútil porque cuando él muriera no faltaría quién lo restaurara con el fin de congraciarse con el vulgo. Y lo que con tanta lucidez diagnosticó es lo que ha ocurrido siempre que un gobierno ha implementado semejantes programas de ayuda: así ocurrió en la Inglaterra del siglo XVI con la famosa "Ley de pobres"; así ocurre en los Estados Unidos actuales, donde 39 millones de personas reciben "estampillas de alimentos",[5] y así ocurre en la Ciudad de México desde el año 2001 con los "programas sociales" instituidos por cierto gobernador de "izquierda".

La lucidez con la que Augusto percibió las repercusiones de los "programas sociales", empero, no lo exculpa de la miopía con la que ignoró otras amenazas de carácter político. Si bien apuntaló el Imperio con reformas a la milicia, la burocracia y al sistema monetario (la solidez del nuevo dinero favoreció una prosperidad generalizada que, tras el colapso de Roma, no regresaría sino hasta el siglo XIX), la realidad es que la nación sería vulnerable en tanto abrazara un gobierno que, por su propia naturaleza, era proclive al totalitarismo.

Gracias a las acciones de Augusto, el Imperio pudo sobrevivir dos siglos más pese a los vaivenes propios de un régimen personalista que encabezaron desde psicópatas, como Calígula y Nerón, hasta intelectuales, como Claudio y Marco Aurelio. Tristemente, a pesar de sus diversas inclinaciones y personalidades, la mayoría implementó programas económicos no muy distintos a los de la actualidad: para combatir el desempleo, emprendían imponentes obras públicas; para paliar la pobreza, ampliaban la distribución de grano, sal y aceite; para tener contento al populacho, le ofrecían espectáculos gratuitos, desde obras teatrales hasta duelos de gladiadores. Sin disciplina financiera, el Imperio seguía en un inexorable curso de colisión contra el iceberg de la realidad.

---

[5] Cifras emitidas en octubre de 2018 por el Departamento de Agricultura de lo Estados Unidos, https://www.fns.usda.gov/pd/supplemental-nutrition-assistance-program-snap

Las devaluaciones regresaron durante el gobierno de Nerón (54-68 d. de C.), quien redujo aproximadamente 10% el contenido de plata y oro de las monedas. La maniobra fue lo suficientemente precavida para no suscitar mayor disgusto, aunque a largo plazo las consecuencias fueron trágicas, pues a partir de entonces la devaluación fue el método más socorrido para proveer fondos adicionales a los emperadores.

Todos los subsidios y todos los espectáculos se tenían que pagar de alguna forma, y por algún tiempo se logró con el botín que las legiones extraían de los territorios recién añadidos. Pero los ingresos excepcionales no podían durar, y los emperadores, temerosos de la ira de la plebe, comenzaron a depender más y más de las devaluaciones para mantener el "Estado de bienestar".

La siguiente imagen exhibe cómo las monedas redujeron su volumen y calidad a lo largo del siglo III:

240 d.C. - 40% de fineza   250 d.C. - 30% de fineza   260 d.C. - 20% de fineza   270 d.C. - 5% de fineza

Adaptado a partir de: Rasiel Suárez, "Decline of the Antoninianus",
https://commons.wikimedia.org/wiki/File:Decline_of_the_antoninianus.jpg

Finalmente, el emperador Aureliano (270-275 d. de C.) llevó la estrategia al siguiente nivel prescindiendo de la devaluación física y aplicando simplemente una devaluación *nominal*, es decir, que mediante un simple decreto fijó el valor de las monedas independientemente de su contenido real de plata. Tal medida, claro, sólo recrudeció los desajustes.

Más adelante, el emperador Diocleciano, que gobernó del 284 al 305 d. de C., intuyendo correctamente que la salida estaba en el retorno a la solidez, dispuso que se acuñaran monedas parecidas a las del régimen de Nerón. Pero lo que hizo fue, como quien dice, demasiado poco y demasiado tarde. El volumen de dinero-basura en posesión de la ciudadanía era tan masivo que las relucientes monedas prácticamente no se utilizaron más que para pagar impuestos. Es uno de los casos más antiguos de lo que hoy se conoce como la "Ley de Gresham", la cual explica que si un régimen confiere el mismo estatus a dos monedas desiguales, la que sea intrínsecamente más valiosa será atesorada por la gente o usada para adquirir productos extranjeros, reservándose la otra para transacciones nacionales (dicha situación se resume en la conocida fórmula "el dinero malo desplaza al bueno").

Furioso, y sin comprender realmente por qué su reforma fue inútil, Diocleciano recurrió a la estrategia terminal de los regímenes totalitarios: la coerción. Así, en un arrogante intento por domar las fuerzas económicas, en el año 301 promulgó una serie de minuciosos controles de precios y salarios. Aunque su edicto, como era previsible, jamás se implementó en forma generalizada, su efecto fue el mismo que invariablemente han acarreado todos los programas similares: *escasez*. Y es que, como lo indica la lógica más elemental, cuando a un comerciante se le prohíbe vender sus mercancías a un precio que le reporte una ganancia, naturalmente conservará su inventario antes que venderlo con pérdidas; asimismo, si a un agricultor o un artesano se le impide recuperar lo invertido en materiales y labor, deja de producir para el mercado y se enfoca en el autoconsumo. Las consecuencias de los controles de precios son perfectamente conocidas desde hace siglos, así que nos produce asombro y amargura ver que en pleno siglo XXI haya regímenes que continúen aplicándolos y, peor todavía, que haya tantos ignorantes que los aplaudan (recuerdo con irritación que a la muerte de

Hugo Chávez no faltaron los periódicos de "izquierda" que, en sus panegíricos, celebraban los controles que impuso sobre algunos medicamentos durante su primer mandato, pues con eso había ayudado a "las clases más desfavorecidas").

Diocleciano y su sucesor, Constantino, fueron personalidades muy fuertes y que de algún modo lograron mantener a flote lo que quedaba de Roma. Pero lo único que consiguieron fue retrasar un poco el declive, que al fin prosiguió, imparable, hasta que en el año 476 el último emperador fue depuesto por el caudillo germano Odoacro, lo que tradicionalmente se considera el fin del Imperio.

Aunque no existe una explicación sencilla para el colapso de Roma, no se puede minimizar la mala influencia del paternalismo estatal. La antigua república estaba compuesta por hombres independientes y orgullosos que debatían entre sí las acciones de gobierno. Sin embargo, una vez abierta la caja de Pandora de los "programas sociales", la virtud romana se perdió para siempre. Aunque César y Augusto advirtieron con lucidez los peligros del "Estado de bienestar" y su perniciosa influencia sobre el carácter de la población, no sólo no se atrevieron a desmantelarlo, sino que establecieron un sistema político personalista que acostumbró a la plebe a creer que el gobierno tenía la responsabilidad de alimentarla y divertirla.

¿Les suena familiar?

c) La historia se repite

Aunque siempre habrá falsificadores aislados que quieran transgredir los límites de la escasez relativa del dinero, su influencia en conjunto resultará insignificante. El dinero, como ilustra la debacle romana, sólo puede destruirse a través de un fraude masivo orquestado por un gobierno central.

Las provincias del Imperio serían tomadas por sajones, francos, visigodos, ostrogodos y otras tribus, que comenzaron a evolucionar como naciones independientes. Aunque mantuvieron algunas instituciones romanas, la ruina del sistema monetario imperial los orilló prácticamente a redescubrir el dinero. En lo que hoy llamamos Inglaterra, por ejemplo, se tuvo durante dos siglos una economía de trueque, seguida de un caótico intervalo en el que tres reinos rivales produjeron monedas que competían entre sí. Fue hasta el año 928 que el rey Athelstan de Anglia se impuso definitivamente y promulgó una reforma que convirtió a Inglaterra en el primer territorio europeo en recuperar la armonía monetaria (¡y sólo le tomó seis siglos!).

Los otros reinos tardaron más en producir monedas respetables. Eventualmente, el franco francés y dos piezas de la península itálica, el florín y el ducado, se convirtieron en las divisas más populares. Con todo, y sin que sorprenda en lo más mínimo, con infinidad de monarcas guerreando entre sí era sólo cuestión de tiempo para que reaparecieran las devaluaciones. Así, las monedas francesas e italianas redujeron poco a poco su contenido de plata, quedando en una quinta parte o menos del original. Y algo parecido ocurrió en el sur de la península ibérica, en donde los invasores musulmanes introdujeron sólidas monedas de oro conocidas como *dinares*, y que durante la reconquista en el siglo XII los reyes cristianos rebautizaron como *maravedís*, sólo para devaluarlas gradualmente, sustrayéndoles 75% de su contenido original de oro.

Entre los años 1250 y 1500 las devaluaciones se aceleraron y las monedas inglesas, francesas e italianas perdieron entre 50 y 70% de su valor. La moraleja es que *en tanto el gobierno controle la producción de dinero, siempre existirá el peligro de que lo devalúe en un intento desesperado por hacerse de recursos.*

Ahora, es imprescindible recalcar que si bien dichos porcentajes pueden parecer escandalosos, lo cierto es que las devaluaciones en la Europa medieval resultaron restringidas y espaciadas en comparación con las actuales, pues se requerían varios siglos para alcanzar la degradación que hoy toma a lo sumo algunas décadas. Pasaba así porque sólo se podía devaluar hasta cierto punto antes de que el timo fuera visible y despertara la furia de la gente. En la actualidad, por el contrario, los gobiernos no están sometidos a la "tiranía" de los metales preciosos y disponen de herramientas más sofisticadas y sigilosas que las de los reyes medievales. Así, cualquier administración de cuarta puede prolongar los procesos devaluatorios casi en forma indefinida, hasta concluir en la completa destrucción del dinero.

¿Cómo es que terminamos en semejante pesadilla?

III. El origen de la banca

En el año 2014 se descubrió en el pueblo de Lenborough, a unos ciento cincuenta kilómetros al noroeste de Londres, un tesoro integrado por casi cinco mil monedas acuñadas a finales del siglo IX y que se especula fueron los ahorros de una sola familia a lo largo de veinte años.[6] Si bien se trató de una cantidad considerable, el descubrimiento en sí no era insólito, pues desde hace siglos los pobladores de la campiña inglesa han encontrado aquí y allá tesoros similares, si bien más modestos (la mayoría entre diez y veinte monedas).

Mucho de lo que expusimos en el capítulo anterior sobre la intrincada historia de las monedas romanas y medievales lo sabemos por al hallazgo accidental de los ahorros de personas muertas hace siglos. Y es que hasta hace relativamente poco la mayoría de las personas bregaba en condiciones de incertidumbre e inseguridad universales, por lo cual

---

[6] Griffiths, Sarah, "Hoard of 5,000 Anglo Saxon coins unearthed: Treasure includes a 'unique' penny and may be worth more than £1million", en *Dayly Mail*, 2 de noviembre de 2015

resulta comprensible que haya protegido sus riquezas, simplemente, enterrándolas en agujeros.

Lo anterior no sólo constituía la estrategia más económica, sino que para efectos prácticos era la única disponible, pues aunque las instituciones bancarias existen desde hace miles de años, el acceso a ellas se democratizó hasta el siglo XIX con el triunfo del capitalismo. Es verdad que aún hay multitudes que no disponen de servicios bancarios (se estima que sólo el 50% de los adultos a nivel mundial tiene una cuenta bancaria), pero la cobertura sigue extendiéndose a pesar de la resistencia en los países más atrasados.

En las urbes de hoy la vida ya es impensable sin cuentas de ahorros, cheques, transferencias electrónicas, cajeros automáticos y tarjetas de crédito. No obstante, pareciera que todos albergamos en mayor o menor medida una desconfianza invencible hacia los bancos, una desconfianza que muestra un carácter específico según la historia de cada país. Los argentinos, por ejemplo, no olvidan el traumatizante "corralito" del 2001, mientras los mexicanos, recelosos de las "caídas del sistema", hacen largas colas frente a los cajeros para retirar toda su paga. Más aún, incluso en un país tan desarrollado financieramente como los Estados Unidos existen multitudes que detestan a los grandes consorcios financieros, pues los asocian con Wall Street y sus recurrentes "desplomes".

Cada quien tiene sus motivos, si bien la mayoría dimana de la conciencia de que los banqueros son humanos y, como tales, viven con la tentación de usar para su propio beneficio los recursos de sus clientes. Por ello no es de extrañar que tantos digan aún, y más en serio que en broma, que prefieren esconder sus ahorros "debajo del colchón".

Posiblemente los banqueros no estarían tan desprestigiados si no fuera porque la casta gobernante lleva siglos corrompiéndolos en su permanente lucha por quitarnos la mayor cantidad de riqueza posible. Por ello es imperioso revisar la historia de la banca para comprender cómo fue que sus líderes se transformaron en los principales cómplices de los bandidos gubernamentales.

a) El origen sagrado de los bancos

El primer banco de la historia surgió en la antigua Mesopotamia hacia el año 3300 a. de C. El templo principal de la ciudad de Uruk, ubicada a unos doscientos kilómetros de la moderna Bagdad, ofrecía el servicio de resguardo y otorgaba préstamos con interés a agricultores y mercaderes (los cereales constituían el medio de cambio principal, aunque existe evidencia de que la plata y el oro se usaban para transacciones de valor elevado). También en Grecia y Egipto los templos más importantes ofrecían servicios bancarios, pues la gente creía que por su índole sagrada no eran tan vulnerables a los robos.

Conforme las técnicas de acuñación se extendieron por el Cercano Oriente, de forma espontánea surgió un oficio que prefiguraba el de banquero. Las naciones de la zona tenían todo para integrar un formidable y bullente mercado, pero su desarrollo se veía entorpecido porque acuñaban sus monedas según estándares diferentes. Fue entonces que algunos emprendedores vislumbraron la oportunidad y comenzaron a ofrecer sus servicios como *cambistas*. El beneficio que brindaban a la sociedad en su conjunto era doble: primero, porque establecían las paridades necesarias para calcular precios y costos, y segundo porque contribuían a la salud del sistema monetario al detectar y remover de circulación las unidades adulteradas.

Según parece, alrededor del siglo IV a. de C. algunos cambistas en Grecia ya proporcionaban servicios adicionales como la custodia de valores y la concesión de préstamos. En relación con esto último, es importante señalar que en el ámbito grecolatino se diferenciaba estrictamente entre un *depósito* y un *préstamo*. Los juristas romanos, después de un riguroso estudio de las prácticas financieras tradicionales, dictaminaron que si alguien acudía a un banquero para depositar cierta suma con fines de resguardo, el banquero tenía la obligación de mantener seguras y disponibles en todo momento las monedas en depósito, y que si no lo hacía así y las usaba para su propio beneficio estaba delinquiendo. A la inversa, si el dinero no se entregaba en depósito sino en *préstamo*, el prestamista no podía solicitar en cualquier momento la devolución de sus fondos, y el banquero podía usarlos para los fines que le convinieran, en el entendido de que al concluir el contrato devolvería la suma original más intereses. Pronto veremos que en la moderna industria bancaria dichas distinciones de sentido común se encuentran completamente pervertidas, con efectos económicos muy perjudiciales.

Ahora bien, aunque la mayoría de los banqueros antiguos realizaban sus labores con gran honestidad, existen numerosos discursos y crónicas judiciales que documentan que lo anterior no siempre ocurría así, y que algunos "jineteaban" el dinero de los depositantes, quienes acudían por sus monedas sólo para descubrir que el banquero no las tenía. Los consecuentes litigios generaban mucho interés porque envolvían sumas que, en un mundo donde la pobreza era lo común, parecían fabulosas. Con todo, los fraudes bancarios tenían escasas repercusiones sobre la economía en general porque el grueso de la población lo integraban campesinos y artesanos que poseían muy poca riqueza. Como ilustra el caso de Roma, las catástrofes monetarias eran —*y siguen siendo*— productos de la voracidad y la ineptitud gubernamentales.

b) La banca rota

La evidencia disponible apunta a que el Imperio romano prosperó sobre la base del dinero en efectivo. Dado que contaba con un sistema monetario de extensión y unidad excepcionales, los cambistas no eran requeridos.

Tal situación, lógicamente, se invertiría tras el derrumbe de Roma. Durante los subsecuentes siglos de caos y experimentación, los cambistas volvieron de manera natural, pues la profusión de monedas y los intentos por adulterarlas ofrecían una excelente oportunidad para hacer negocios.

El resurgimiento de los servicios bancarios se aceleró durante el siglo XI con las célebres Cruzadas, ya que la movilización de tropas y suministros requirió de organizaciones que pudieran transportar las monedas en forma segura (quizá la más conocida sea la Orden de los Caballeros Templarios, que llegó a blandir un poderío económico formidable). El flujo de mercancías entre Europa y el mundo árabe se incrementó, por lo que proliferaron instituciones dedicadas a financiar empresas comerciales riesgosas pero muy lucrativas.

Los *banqueros* propiamente aparecieron en Italia a principios del siglo XIV. Se les llamó así porque literalmente se sentaban en bancos a hacer negocios en los zaguanes de sus viviendas (cuando alguno fracasaba tenía que romper su banco, de ahí la expresión "caer en bancarrota"). Pese a las limitaciones materiales y contables, los banqueros de Italia ya ofrecían los servicios e instrumentos que hoy nos parecen imprescindibles: transferencias, compra y venta de divisas, expedición de cheques y pagarés, créditos, etcétera. Los banqueros dependían de su reputación para seguir trabajando, de modo que en su mayoría efectuaban escrupulosamente la tarea de salvaguardar el dinero de sus clientes. Algunos eran tan poderosos que aun hoy sus nombres nos resultan familiares, como ocurre con los Medici, quienes convirtieron a Florencia en una de las ciudades más esplendorosas de la Italia renacentista.

Con su éxito, la banca atrajo a la clientela más problemática de todas: los reyes, que habían descubierto, felices, que resultaba más sencillo pedir prestado que granjearse el odio popular con tributos. El riesgo de dichas operaciones era muy elevado ya que los reyes se endeudaban a título personal (no como ahora, que lo hacen a nombre de "el Pueblo") y estrictamente no había nada que los banqueros pudieran hacer para obligarlos a cumplir. Si bien a los monarcas, igual que a los plebeyos, les convenía mantener un buen "historial crediticio", en el siglo XIV hubo reyes, como Roberto de Nápoles o Eduardo III de Inglaterra, que no se tentaron el corazón para hundir a sus acreedores.

Claro, hubo otros banqueros que, simplemente, quebraron por ceder a la milenaria tentación de lucrar con los fondos de los depositantes. Como era virtualmente imposible que todos reclamaran su dinero a la vez, algunos empezaron a mantener en sus cofres una fracción mínima de los depósitos, dedicándose a "jinetear" el resto. Si actuaban con discreción, podían seguir en operaciones sin que nadie sospechara sus abusos.

Sin embargo, no era preciso que *todos* los clientes solicitaran su dinero: ante una guerra o un desastre natural, incluso ante el rumor de que el banco estaba en aprietos, los clientes podían requerir cantidades superiores el monto de las reservas, lo que automáticamente forzaba al banquero a declararse en bancarrota. Dicha práctica de mantener el mínimo para seguir operando se conoce técnicamente como *reserva fraccionaria*, y sobra decir que constituía un delito (y nótese que escribí "constituía", pues en la actualidad, como veremos más adelante, es una práctica común a todos los bancos).

c) La crisis aviva la consciencia

La poderosa banca italiana se desarrolló como una respuesta natural a las necesidades económicas y políticas del bullente Mediterráneo. A pesar de guerras constantes y cataclismos como la peste bubónica, que mató a más de la mitad de la población durante el siglo XIV, Europa disfrutó de una estabilidad muy marcada en cuestión de precios y salarios durante la Edad Media.

Todo cambiaría gradualmente a partir del año 1492, y no sólo por el impacto que representó descubrir que la Tierra era redonda, sino porque la estabilidad que había predominado durante el medievo llegó a su fin. Desde la caída de Roma y hasta el siglo XVI no hubo grandes variaciones en la cantidad de oro y plata en circulación debido a que ya se habían agotado los grandes yacimientos de Europa. Ninguna de las devaluaciones orquestadas por los monarcas de la época motivó un trastorno comparable con el que se produjo cuando la corona española comenzó a explotar los ricos yacimientos de México y Perú. Se estima que durante la primera mitad del siglo XVI se importaba desde América alrededor de una tonelada de oro al año, y que durante la segunda mitad de dicho siglo la plata comenzó a predominar y que en los mejores años se importaban hasta 300 toneladas. Los metales preciosos se derramaron por toda Europa, lo que ocasionó que entre los años 1540 y 1640 los precios aumentaran de manera sostenida un 2% anual, por lo que se duplicaban cada 36 años. Lo anterior puede parecer una cifra modesta para nosotros que ya consideramos "normal" un incremento promedio de 4% (lo que quiere decir que los precios se duplican cada 18 años), pero no así para una sociedad que no había sufrido alzas considerables durante un milenio y que, lógicamente, lo percibió como un trastorno bestial.

Por otra parte, España se benefició poco de aquel tsunami de riqueza, pues su clase política no lo supo aprovechar. Carlos I (1500-1558), descendiente de los famosos Reyes católicos, se arrogó el derecho de gobernar múltiples zonas de la península Ibérica, Italia y lo que hoy conocemos como Austria y los Países Bajos, y para perseguir su quimera imperial contrató grandes préstamos y ofreció como garantía los envíos de oro y plata del Nuevo Mundo. Cuando el monto de sus deudas empezó a dificultarle obtener más créditos, no dudó en exigir a la banca española que le prestara sus reservas y en manipular el valor del oro y la plata en tres ocasiones (1524, 1542 y 1546).[7]

Los abusos de Carlos y otros monarcas, junto con las perturbaciones producidas por los metales prevenientes de América, empujaron a los eruditos del siglo XVI a reflexionar muy seriamente sobre los atributos y la función del dinero. Algunos economistas pioneros, la mayoría españoles e ingleses, estudiaron la relación entre la

---

[7] Coincidentemente, entre 1542 y 1546, el rey Enrique VIII de Inglaterra también sometió a sus súbditos a una brutal devaluación que redujo en un 50% el contenido de plata de las monedas.

plata disponible y su poder de compra en el mercado, y para comienzos del siglo XVII, después de numerosas polémicas, ya tenían por una verdad incuestionable que el incremento de la cantidad de metales preciosos provocaba que su valor disminuyera y que los precios de bienes y servicios aumentaran. Asimismo, determinaron que las devaluaciones promovidas por los reyes tenían el mismo efecto inflacionario, y algunos humanistas valerosos condenaron esas manipulaciones (el jesuita Juan de Mariana, por ejemplo, fue a prisión en 1607 por haber afirmado en su obra *De monetae mutatione* que los gobernantes robaban a la población devaluando el dinero). Con todo, las implicaciones morales no parecían tan urgentes porque los monarcas, al no controlar las existencias de metales precisos en sí, no podían diluir el dinero indefinidamente sin provocar motines.

Por desgracia, los gobiernos estaban a punto de romper las "cadenas" de los metales preciosos cooptando una tecnología que en principio fue muy revolucionaria y beneficiosa para el comercio: el *papel moneda*.

d) Una buena idea que acabaría terriblemente mal

La evidencia disponible indica que hacia el siglo XII ya se utilizaban sustitutos de papel en Europa con el propósito de no arriesgar las monedas trasladándolas físicamente. Si alguien necesitaba transferir dinero a otra ciudad o a otro país en donde un banco tuviera sucursales, normalmente se le extendía un certificado para que lo redimiera a su llegada. Tales instrumentos constituían innovaciones muy útiles, pues hacían que los metales preciosos fluyeron de manera más segura.

Como ocurre siempre con cualquier tecnología, los sustitutos de papel comenzaron a evolucionar hasta convertirse en el hoy ubicuo *papel moneda*, que se consolidó durante el siglo XVII, después de múltiples experimentos, con el sistema del prestigioso Banco de Ámsterdam.

La cadena de eventos que condujo a la fundación de ese banco, una de las instituciones financieras más importantes de la historia, inició en el siglo XVI. Recordemos que en ese periodo el emperador Carlos I de España promovió una vasta guerra sucesoria cuyos efectos políticos y económicos trastornaron a muchos países, entre los que se contaban los Países Bajos (que entonces incluían Bélgica y lo que popularmente se conoce como Holanda). Después de múltiples conflictos y agravios, entre los que destacan los abusos devaluatorios del emperador, siete provincias se declararon como unidad autónoma en 1579, lo que marcó el principio de una notable trayectoria de innovaciones financieras y éxitos comerciales.

En la joven nación circulaban libremente las monedas de otros países, todas con valores distintos y, en muchos casos, groseramente adulteradas. La solución tradicional para la "anarquía monetaria" la proveían los cambistas profesionales. Sin embargo, los neerlandeses optarían por otro camino, y en 1609 establecieron el Banco de Ámsterdam, con la encomienda explícita de facilitar el comercio mediante la homogeneización y resguardo escrupuloso del dinero. El banco aceptaría depósitos en cualquier moneda, pero no los contabilizaría según los tipos de cambio que los gobiernos emisores determinaban arbitrariamente, sino según su contenido real de oro y plata.

En adición a ello, se implementó un efectivo sistema que inhibía los retiros en especie y estimulaba las operaciones interbancarias y el empleo de sustitutos de papel. En primera, cuando un cliente hacía un depósito, el cajero le entregaba un *recibo* y una cantidad de *billetes bancarios* cuyas denominaciones correspondían el valor de las monedas o los lingotes que hubiera entregado; todos sabían que cada billete representaba una fracción precisa de los metales en las bóvedas del banco, por lo que se les consideraba meros sustitutos y se les prefería para transacciones comerciales por montos elevados. Ahora bien, para poder canjear los billetes por el oro respectivo había que acudir a la sucursal y entregarlos junto con un recibo por un valor equivalente a lo que se deseaba retirar. Como los billetes circulaban de manera libre y llegaban a manos de individuos que quizá nunca habían hecho un depósito, los que habían conservado sus recibos los vendían a las personas que por la razón que fuera necesitaran oro y plata en especie. El gasto extra desincentivaba los retiros y contribuía a que las reservas del banco permanecieran constantes, reforzando la confianza en los billetes.

Los sustitutos de papel no sólo representaron una innovación muy práctica, sino que contribuyeron a expandir todavía más las operaciones mercantiles de los Países Bajos, pues siempre sería más fácil mover montones de papel y no pesados y ruidosos discos de metal. Puesto que los billetes sólo representaban onza por onza los metales en posesión del banco, su cantidad no se incrementaba arbitrariamente, por lo que los Países Bajos no conocieron las perturbaciones inflacionarias del manirroto y decadente Imperio español. Eso fue determinante para que al joven país se transformara en la gran potencia financiera y comercial de su tiempo.

El Banco de Ámsterdam en principio era una institución de resguardo sin funciones crediticias. Tristemente, menos de cincuenta años después de su fundación, fue corrompido el día en que sus administradores permitieron que algunos clientes "notables" sobregiraran sus cuentas. Posteriormente concedió cuantiosos préstamos a la poderosa Compañía Holandesa de las Indias Orientales, así como a la municipalidad de Ámsterdam, y el mal manejo lo llevó a la clausura definitiva en 1819.

Con todo, el Banco de Ámsterdam inspiraría la fundación de instituciones que aún perduran y que llevaron al límite la tecnología del papel moneda. Como veremos, lo que en principio fue una innovación muy práctica e incluso elegante acabaría terriblemente mal debido a las deshonrosas prácticas de los banqueros en colusión con la clase política.

e) El dinero descentralizado de los orfebres

De 1625 a 1649 Inglaterra padeció a Carlos I, un individuo bastante despótico y que durante todo su reinado intentó una y otra vez incrementar sus poderes a expensas de los del parlamento. En 1640, tras haber intentado infructuosamente que los legisladores le autorizaran un préstamo por doscientas mil libras, acudió a la famosa Torre de Londres, que fungía como la principal casa de moneda del reino, y se concedió a sí mismo un "préstamo" con todas las monedas custodiadas allí y que sumaban poco más de cien mil libras. Aunque se comprometió a pagar a sus legítimos propietarios un interés del ocho por ciento, no dejaba de ser un alarmante abuso. El rey devolvió eventualmente lo que había tomado y pagó el interés prometido, pero el daño estaba hecho y a partir de entonces la Torre dejó de percibirse como un lugar seguro para las monedas.

Ahora bien, hacía años que los orfebres de Londres brindaban servicios financieros tales como compra y venta de divisas, préstamos y custodia de valores. De manera natural, el despotismo del rey contribuyó a consolidarlos como los banqueros originales de Inglaterra, pues incrementó el número de personas que los contrataban para proteger sus fondos.

Sin buscarlo en realidad, los orfebres produjeron papel moneda el día en que los depositantes comenzaron a intercambiar directamente sus recibos —el más viejo que existe data de 1633— para el pago de deudas y operaciones comerciales. Pero el avance definitivo ocurrió cuando en lugar de monedas dieron *billetes bancarios* (en inglés *bank notes*) a quienes pedían préstamos. Conocidos también como "dinero de orfebre", circularon como sustitutos de las monedas, tal como ocurrió con los billetes del Banco de Ámsterdam.[8]

La hegemonía de los orfebres, sin embargo, no duró mucho, pues en la última década del siglo XVII algunos latifundistas y comerciantes empezaron a discutir la fundación de un superbanco a imitación del de Ámsterdam. El parlamento aprobó su propuesta en 1694 y así vio la luz lo que a la postre se convertiría en el prototipo de los bancos centrales que ahora padecemos.

---

[8] Resulta significativo que, a diferencia de lo que ocurría en los Países Bajos, donde una entidad monopolizaba la emisión de billetes, en Londres constituía una negocio abierto a cualquier emprendedor. Es una de las poquísimas instancias conocidas en que la producción de dinero ha sido tarea de la iniciativa privada y no del gobierno.

IV. La guerra contra el oro

Una de las atracciones turísticas más populares de Francia es el fastuoso palacio de Versalles. Luis IV, conocido también como el Rey Sol, no reparó en gastos para tener lo que consideraba una residencia digna de su majestad. Aunque los salones, la capilla y el teatro reales te apabullan con sus lujosos acabados, posiblemente la sección más reveladora sea la Galería de los Espejos, donde el monarca recibía a las delegaciones extranjeras.

(*Imagen cortesía de* Myrabella, *disponible en* Wikimedia Commons)

Irónicamente, la mirada del turista se distrae con el mármol, los óleos, los candiles y las molduras doradas, ignorando lo que en principio era lo más impresionante: los propios espejos, tan costosos que únicamente el rey de Francia podía permitirse el lujo de usarlos para decorar una galería de 73 metros de longitud. En el presente, cuando gracias al capitalismo hay espejos en todos los hogares, nos cuesta apreciar la exquisita astucia con la que el rey abrumaba a sus invitados.

Con todo, el superlativo esplendor de Versalles no debe hacernos olvidar que Luis XIV también heredó a Francia una deuda excesiva. Y es que no sólo pasó más de dos décadas inyectando dinero a su palacio, sino que simultáneamente se dedicó a emprender costosas guerras expansionistas, que culminaron en lo que hoy se conoce como la Guerra de los Nueve Años (1688-1697). Durante dicho conflicto, tanto Luis XIV como sus antagonistas, entre los que sobresale Guillermo III de Inglaterra, no dudaron en pedir cuantiosos préstamos para levantar ejércitos y flotas, sin pensar en la magnitud del fardo que estaban poniendo sobre la siguiente generación. Cuando vino el forzoso ajuste de cuentas, la presión sobre sus descendientes fue tan grande que, sin comprender las ramificaciones de lo que hacían, vendieron sus almas al demonio de la impresión de billetes.

A continuación contrastaremos las maniobras con las que se intentó extinguir las deudas de Francia e Inglaterra. Se trató de experimentos muy similares y cuya intención, para decirlo sin rodeos, era liberar a los reyes de la "tiranía" de los metales preciosos y consumar la unión perversa entre la banca y el gobierno.

a) El aprendiz de brujo

Aunque no suele recibir mucha atención, lo cierto es que el sistema bancario escocés durante los siglos XVII y XVIII fue uno de los más dinámicos de Europa. No sólo tenía más sucursales que el de Inglaterra, sino que introdujo innovaciones como la *línea de crédito*, que se otorgaba a cualquiera que tuviese el aval de dos individuos solventes. En dicha atmósfera de creatividad financiera se formó John Law (1671-1729), un economista pionero que trascendería como el causante de la burbuja bursátil más devastadora que el mundo hubiera presenciado.

Hijo de un exitoso orfebre de Edimburgo, John Law tuvo todas las facilidades para aprender el oficio de banquero y expandir el negocio de su familia. Por desgracia, tras la muerte de su padre prefirió irse a Londres a vivir con desenfreno y apostar su herencia. Tenía 23 años cuando se le apresó por matar a un hombre en un duelo. Se las arregló para fugarse y acabó en los Países Bajos.

Law se dedicó a estudiar la ilustre banca de Ámsterdam y su bullente bolsa de valores. Allí, complementando su análisis con algunas doctrinas populares sobre la naturaleza del dinero, desarrolló una teoría monetaria que se resume en lo siguiente: ya que el papel moneda respaldado por oro, como el que emitían el Banco de Ámsterdam y los orfebres ingleses, servía perfectamente para cualquier transacción, para incrementar el dinero sólo había que imprimir billetes respaldados por algún bien que no fuese un metal precioso. Según Law, el aumentar así el dinero en circulación se reducirían las tasas de interés y se expandirían el comercio y la industria, trayendo una prosperidad generalizada para la población.

En 1695 algunos terratenientes ingleses quisieron fundar un banco que capitalizarían con el valor de sus propiedades, pero su propuesta no encontró apoyo. A John Law, sin embargo, le pareció una idea interesante y en 1705 propuso para Escocia la creación de un banco nacional con la prerrogativa para imprimir dinero respaldado por el valor de la tierra. Como el plan fue rechazado por el parlamento escocés, John Law se dispuso a recorrer la Europa continental en busca de un entorno más propicio para poner en práctica sus ideas.

La intuición de Law fue admirable en cuanto a que puso al descubierto la realidad de que, al menos *en teoría*, cualquier cosa útil se puede monetizar. Sin embargo, su propuesta de respaldar el dinero con el valor de la tierra no soporta un escrutinio lógico: la tierra no sirve para ese fin porque, en contraste con los metales preciosos, no es uniforme ni perfectamente divisible. Los campos de Inglaterra o Francia no tienen el mismo valor que los de México o Zimbabue simplemente porque no son igual de fértiles y porque su clima no los hace aptos para cualquier cultivo. Los metales preciosos, por el contrario, permiten medidas de valor perfectamente homogéneas, pues una onza de oro es idéntica a otra onza en cualquier parte del mundo. Aunque lo anterior nos parece obvio, lo cierto es que la ciencia económica no había progresado lo suficiente como para demoler sin lugar a dudas la propuesta de un dinero respaldado por bienes que no son transportables o divisibles a la perfección.

Con todo, inspirado por las innovaciones financieras de los Países Bajos, John Law empezó a creer que existía algo aún mejor que la tierra para respaldar el dinero. En el siglo XVI el comercio de especias y otros productos exóticos ofrecía un potencial de ganancias estratosférico; sin embargo, había pocos individuos con el capital suficiente para emprender la riesgosa travesía en torno a África y de regreso. En 1602, siete años antes de la fundación del Banco de Ámsterdam, un grupo de comerciantes diseñó un esquema para diluir el riesgo y creó la primera corporación de la historia: la Compañía Neerlandesa de las Indias Orientales, que atrajo más de mil inversores de todo tipo, desde grandes mercaderes hasta pequeños artesanos, ansiosos por lucrar con las especias.

El nacimiento de las corporaciones trajo una invaluable revolución financiera, pues hizo posible que múltiples inversionistas combinaran sus recursos para constituir empresas que, por su elevado riesgo, eran impensables para un solo individuo. Así, a los inversionistas se les entregaban *acciones*, es decir, títulos a los que correspondían partes del capital de la empresa y que conferían el derecho a recibir una fracción de las utilidades.

John Law empezó a creer que las acciones de una empresa podían respaldar el dinero mucho mejor que la tierra o que los metales preciosos. Estaba convencido de que siempre se podrían crear más acciones y que éstas no perderían su valor porque representaban una parte de una entidad que generaban dividendos, en otras palabras, de algo productivo.

Promovió incansablemente sus teorías, sin dejarse amilanar por los rechazos, hasta que embaucó al gobierno de Luis XV con la promesa de eliminar la pavorosa deuda producto de los excesos y aventuras militares de Luis XIV. Así, en 1716, John Law recibió permiso de la corona para establecer en París el Banco General, que usaría como un laboratorio financiero para demostrar sus teorías.

El Banco General, como toda institución nueva en busca de clientes, realizó al principio sus operaciones con escrupulosa rectitud. A todos los depositantes se les entregaban billetes y se les aseguraba que para redimirlos bastaría con que los presentaran en ventanilla (en este punto John Law se había apartado conscientemente del sistema de Ámsterdam, donde se exigía la entrega de los billetes y de un recibo). Finalmente, para unir conveniencia con obligación, hizo que la corona decretara que los billetes eran "dinero de curso legal", por lo que servirían para pagar impuestos. Era una confabulación cuidadosamente trazada para acostumbrar el público a ver los billetes como reemplazos legítimos de los metales preciosos.

En ese tiempo Francia poseía una enorme extensión de tierra en lo que años después serían los Estados Unidos: la Luisiana. Como parte de su plan para deshacerse de los acreedores del gobierno, John Law fundó una corporación, la Compañía del Mississippi, a la que la corona otorgó derechos exclusivos para colonizar y explotar la Luisiana. Acto seguido, Law se dirigió a los que poseían títulos de deuda del gobierno y les propuso cambiárselos por acciones de la Compañía del Mississippi, seduciéndolos con la promesa de recibir en pocos meses un jugoso pago inicial de dividendos y, a futuro, una parte proporcional de las fabulosas riquezas que supuestamente se generarían.

Lo que hizo a continuación fue implementar una fraudulenta maniobra para que los precios de las acciones comenzaran a subir. Sin aumentar realmente las reservas de oro y plata en las bóvedas del rebautizado Banco Real, John Law comenzó a imprimir billetes para ofrecer préstamos a quienes desearan adquirir acciones y no tuviesen deuda del gobierno para canjear; así subiría la demanda de acciones y, en consecuencia, también subiría su precio, lo que atraería más compradores y nuevas alzas, en un círculo supuestamente virtuoso. La estrategia de John Law fue tan exitosa que consiguió que el precio inicial de quinientas libras por acción se multiplicara por diez entre junio y septiembre de 1719. Se trataba de una cantidad escandalosa para una compañía que aún no producía nada, pero no pareció importarle a la muchedumbre.

Por si no bastara lo anterior, John Law hizo un nuevo reparto de "utilidades" (que no tuvo costo porque se cubrió con billetes de banco), con lo que las acciones se volvieron aún más seductoras para el público, ya completamente intoxicado por la codicia. Law procedió a emitir más acciones, que se vendieron con gran rapidez, y durante todo el año continuó imprimiendo carretadas de billetes por un valor muy superior al de las reservas de metales preciosos que había en el Banco Real, concediendo préstamos y todo tipo de facilidades para que más inversionistas se subieran al barco de la Compañía del Mississippi.

A finales de 1719 ya era obvio que las acciones estaban alcanzando un precio insostenible. Pero John Law, en lugar de dar un respiro a su caballo, empuñó la fusta con osadía y, para que nadie creyera que comprar acciones representaba algún peligro, anunció que el Banco Real pagaría un precio garantizado de 9000 libras por acción a todos los que quisieran deshacerse de sus títulos (eso sí, nada tonto, Law decretó que esa suma se pagaría con billetes de banco, no con monedas). Estaba convencido de que con esa seguridad las personas empezarían a ver las acciones como depósitos de valor estables y, eventualmente, como sustitutos del dinero.

Para reforzar su sistema, a principios de 1720 consiguió que la corona prohibiese a sus súbditos atesorar monedas por un monto superior a quinientas libras, con lo que les obligaba a depender de billetes o acciones para intercambios onerosos. John Law parecía a punto de conseguir el reemplazo del oro y la plata con papel.

Sin embargo, aquello era insostenible, y la burbuja reventó en febrero de 1720, poco después de que los títulos se cotizaron en la extravagante suma de diez mil cien libras. Algunos nobles, entre los cuales estaba el propio rey, decidieron hacer una "toma de utilidades", lo que ocasionó que el precio se desplomara. Asustados, otros accionistas quisieron aprovechar la promesa de que el Banco Real les pagaría nueve mil libras por cada título que le llevaran. Con un dejo de soberbia, John Law anunció que el Banco ya no compraría más acciones. Naturalmente, el precio cayó aún más. Desesperado por revertir el derrumbe, Law restituyó la garantía de recompra, pero inútilmente, pues en vez de reparar el daño sólo creó la oportunidad para que más accionistas se deshicieran de sus títulos por un monto aceptable. Acorralado, pues no contaba con fondos para absorber el aluvión de acciones, Law tuvo que disminuir el precio de garantía gradualmente. Los títulos fluctuaron a la baja sin interrupción, hasta tocar fondo en diciembre, cuando se cotizaron en mil libras.

Miles de personas que contrajeron deudas o malbarataron bienes genuinos para adquirir acciones estaban en la ruina. Ni toda la astucia financiera de John Law ni toda la coerción del Estado fue suficiente para dar a las acciones de la Compañía la fuerza para sustituir el oro y la plata.

Lo peor del experimento, no obstante, fue que el perjuicio no se limitó a los que compraron las promesas vanas de la Compañía, sino que afectó a todos. Recordemos que las acciones absorbidas por el Banco Real se pagaban con billetes, los cuales, al menos en principio, se podían canjear por plata u oro. Sin embargo, la institución carecía de recursos para redimir la plétora de papel, así que John Law devaluó los billetes en un fútil intento por disimular su insolvencia, esperando, como buen apostador, que un golpe de suerte lo salvara. La aritmética más elemental, sin embargo, predecía un inevitable apocalipsis: puesto que los billetes emitidos equivalían a cuatro veces el monto de *todas* las monedas acuñadas con anterioridad por el gobierno, miles de ciudadanos se quedarían forzosamente con inútiles manojos de papel. Además, la monstruosa inflación de los medios de cambio —es decir, monedas, billetes y acciones en conjunto— hizo que los precios se dispararan casi 60% y que los salarios perdieran 20% de su poder adquisitivo. El trauma fue tan profundo que el grueso de la población rechazarían visceralmente cualquier forma de papel moneda durante los próximos dos siglos.

Aunque John Law fue desterrado junto con sus teorías sobre la producción de dinero, no resulta difícil advertir que, por una especie de magia negra, ahora vivimos en su pesadilla. Abre tu billetera, estimado lector, y admite que el gobierno ha conseguido que rechaces el oro y la plata en favor de papeles sin ningún respaldo o valor intrínseco.

¿Qué fue lo que sucedió?

b) La máquina maravillosa de hacer dinero

El intento de John Law por reemplazar la plata y el oro con papel culminó en una desoladora catástrofe. Pero donde él fracasó, el Banco de Inglaterra tendría éxito, quizá porque su desarrollo fue paulatino, a diferencia de la febril tentativa de Law, que ardió en un par de años.

El Banco de Inglaterra vio la luz en 1694 gracias a un rey insolvente y hambriento de recursos. Europa llevaba décadas sumida en conflictos sucesorios y territoriales, y el rey Guillermo III, incapaz de contenerse, exprimió a sus súbditos con todos los impuestos que se le ocurrieron y contrajo deudas con todos los orfebres que encontró. Así, cuando un importante grupo de inversionistas le ofreció un préstamo por un millón doscientas mil libras si le autorizaba fundar un superbanco a imitación del de Ámsterdam, el rey abrazó la idea inmediatamente y el parlamento inglés lo secundó tras tibias deliberaciones.

Aunque en la superficie no fue más que un medio fácil para que la corona se allegara recursos, lo que yacía en el fondo era el principio de una colosal revolución en los ámbitos de las "finanzas públicas" y la "producción de dinero". En los estatutos del Banco se estableció que el préstamo se dedicaría a financiar la guerra contra Luis XIV de Francia. Sin embargo, lo más significativo fue que el préstamo no tendría fecha de expiración y que no se otorgaba a un individuo (recordemos que los reyes solían endeudarse a título personal), sino al gobierno, que no estaría obligado a devolver el principal mientras pagara anualmente un interés del 8% (96 000 libras). Había nacido la *deuda nacional*, que desde entonces permitiría a los gobernantes condenar a sus gobernados y a sus hijos y a los hijos de sus hijos a pagar un perpetuo flujo de intereses.

Sin embargo, tan importante como este yugo transgeneracional fue el robo indirecto que se hizo posible a través de la *monetización de la deuda pública*. Para explicarlo se necesita aclarar previamente algunos principios contables. El procedimiento estándar para calcular el *valor de una empresa* consiste en sumar el valor de todos sus *activos* (inmuebles, maquinaria, inventarios, reservas de dinero, etcétera) y después restarle el valor todos sus *pasivos* (deudas y obligaciones contraídas con terceros).[9] Ahora bien, la práctica normal consiste en incluir dentro de los activos de una empresa todo lo que le adeuden otras entidades. Así,

---

[9] Lo anterior se aplica también a las personas. En inglés, incluso, existe una lapidaria frase, la famosa *net worth*, para referirse a la riqueza total de una persona, que se calcula sumando el valor de mercado de todas sus posesiones (desde su casa y su automóvil, pasando por el dinero en su cuenta de cheques, hasta sus objetos personales), para posteriormente descontarle el valor de todas sus deudas (sean por tarjeta de crédito, hipotecas, "préstamos estudiantiles", etcétera).

cuando una empresa opta por no reinvertir sus ganancias y las coloca en certificados de la tesorería o en otros instrumentos que paguen intereses, también los contabiliza como parte de su valor, aunque no sean recursos de los que pueda disponer de inmediato. Si bien es difícil argumentar categóricamente que los adeudos deberían excluirse de los activos, es obvio que cualquier evaluador tomará con cautela un estado financiero con una demasía de ellos porque, inevitablemente, conllevan la posibilidad de que por alguna razón los deudores no paguen o que lo hagan tardía o parcialmente.

Volviendo al Banco de Inglaterra, resulta que aunque su capitalización equivalía a un impresionante millón y medio de libras, sólo el 20% existía como dinero real, y el resto lo integraban títulos de deuda pública, es decir, un "valor" al que los accionistas del Banco no podían acceder en el momento que lo desearan.

Lo anterior es importantísimo porque en los estatutos del Banco se le autorizaba a emitir cuantos billetes quisiera en tanto su monto no superase el valor de su capital. Es decir, aunque el Banco sólo tuviera en su bóveda monedas y lingotes por un valor de 300 000 libras, podía emitir billetes por un valor de 400 000, 500 000 o más porque las respaldaba con el millón y medio en que estaban valuados sus activos (es decir, las 300 000 libras en especie más 1 200 000 libras que el gobierno le debía). Siguiendo la doctrina de John Law, el Banco estaba atribuyendo valor a buena parte de sus billetes con algo distinto al oro y la plata, es decir, con *títulos de deuda del gobierno*. Aunque la ley consideraba que a los billetes se les transfería de alguna forma el valor de los activos del Banco, en la práctica eran fraudulentos, pues hacían creer que representaban metales preciosos disponibles en las bóvedas de la institución. Había nacido lo que técnicamente se llama *moneda fiat*, que al no tener respaldo de ningún bien tangible se reproduce a voluntad del emisor.[10]

En 1696 la corona se vio en apuros para pagar a sus acreedores, y la mesa directiva del Banco, viendo la oportunidad, salió al rescate. Propuso prestarle otro millón de libras (también a una tasa del 8%) a cambio de que le permitieran incrementar su capitalización por la misma suma y que se le otorgaran algunos privilegios (entre otros, la exclusividad para emitir papel moneda en el distrito de Londres, una ley que establecía la pena capital para quien falsificara sus billetes, así como candados para entorpecer el surgimiento de instituciones rivales). La corona aceptó y los accionistas se apresuraron a reunir el monto ofrecido. Con este procedimiento, que en los años siguientes se repetiría en múltiples ocasiones, su margen para imprimir papel moneda sin respaldo de metal se expandió.

Con todo, pese a que sus fabulosas facultades podrían ponerlo en el mismo curso catastrófico que al travesti bancario de John Law, la libertad existente en otras regiones de Gran Bretaña lo previnieron. Y es que, aunque sus actividades se concentraban en Londres, sus billetes fluían por todo el reino, y si una institución provincial o extranjera acumulaba un importe inusitado de billetes y exigía su canje por el oro respectivo, el Banco se arriesgaba a no contar con reservas suficientes y hundirse. Así pues, aunque tenía autorización para emitir papel por más de dos millones de libras, sus directivos no eran tan insensatos como para violar los límites de su verdadera liquidez.

Los mismos límites se aplicaban a multitud de bancos rurales que tenían autorización para emitir su propio papel moneda. Pese a que de

---

[10] La palabra *fiat* es el imperativo del verbo latino *facĕre*, "hacer". El término "dinero *fiat*" alude irónicamente al episodio bíblico en el que Yahvé crea la luz a partir de la nada con un simple *¡hágase!*

cuando en cuando algún banquero de provincia quebraba por pasarse de codicioso y emitir billetes por una cantidad muy superior a la de sus reservas, el miedo recíproco imponía moderación a los integrantes del gremio, y poco a poco los sustitutos de papel ganaron enorme popularidad, por lo que, según estimaciones actuales, a fines del siglo XVIII ya circulaban más billetes que monedas en las islas británicas.

En 1793, con el inicio de las hostilidades entre la corona inglesa y el gobierno revolucionario de Francia, el Banco enfrentó una crisis definitoria. Sus reservas descendieron a niveles alarmantes por los retiros de pánico, y hubiese caído en bancarrota junto con multitud de instituciones más pequeñas y débiles de no ser porque se trataba del prestamista favorito de la corona y, sencillamente, no podía permitírsele fallar. Así, el parlamento inglés intervino y prohibió el canje de billetes mientras durara la crisis. De este modo, el Banco de Inglaterra y el Imperio británico consolidaron una relación simbiótica que rendiría espectaculares frutos durante el siglo XIX.

c) La Edad de Oro

Las perturbaciones financieras prosiguieron intermitentemente hasta la derrota definitiva de Napoleón en 1815. Las aguas se calmaron y en 1821 se reanudó la convertibilidad de los billetes. Londres fue entronizada como la capital financiera del mundo y la libra esterlina se posicionó como la moneda más popular. Definida como 123.25 granos de oro (aproximadamente ocho gramos), la libra fue un factor determinante para consolidar el *patrón oro*, que brindaba un parámetro cristalino para establecer equivalencias entre las divisas, contribuyendo al gran *boom* del comercio internacional.

Por desgracia, no podemos decir que las operaciones del Banco de Inglaterra fuesen igual de admirables, pues durante el primer tercio del siglo XIX estuvo a punto de quebrar en múltiples ocasiones debido a que emitía muchos billetes que no respaldaba con oro, sino con el "valor" inasible de la deuda gubernamental. Cualquier institución que acumulara un volumen excesivo de billetes podía exigir su canje por oro, así que el Banco vivía con una espada sobre su cabeza. En 1825, por ejemplo, estalló una crisis y los retiros de pánico redujeron sus reservas de 14.2 millones de libras a tan sólo 1.2 millones. Y pocos años después, en 1836, otra crisis ocasionó que cayeran de 9.5 a 2.3 millones.

Tras un acalorado debate acerca de cómo las fluctuaciones en las reservas y en la cantidad de billetes en circulación afectaban los niveles de los precios y creaban turbulencias en los mercados internacionales, en 1844 el parlamento estableció claramente que al Banco se le autorizaría emitir hasta catorce millones de libras respaldadas con deuda gubernamental, y que toda libra adicional tendría que respaldarse al cien por ciento con reservas de metales preciosos, de las que un 75% como mínimo debían componerse de oro, y el resto por plata. Sin embargo, los "límites de seguridad" se volvieron irrelevantes muy pronto, y se estima que entre 1850 y 1890 las reservas del Banco nunca fueron superiores al 4% del valor total de los billetes que había emitido.

¿Cómo fue posible semejante insensatez? La primera moneda global, mucho antes que el dólar estadounidense, fue la libra esterlina, y el comercio internacional se hizo tan dependiente de ella que el Banco de Inglaterra podía darse el lujo de mantener reservas muy inferiores a las de sus homólogos foráneos. Para ponerlo en números, se estima que entre 1880 y 1914 la cantidad de oro en sus bóvedas fluctuó entre veinte y cuarenta millones de libras, cantidad muy inferior a los ciento veinte millones que mantenía el Banco de Francia o a los cien millones del Banco Imperial de Rusia. Que el Banco de Inglaterra pudiese operar en tales condiciones da fe de la fabulosa reputación que tenía la marca "Imperio británico".

A nosotros, convencidos de que es "normal" que los precios suban de 2 a 4 % cada año, nos invade la desazón al descubrir que durante el siglo XIX las economías de Europa y los Estados Unidos no sólo crecieron de manera estable y generalizada, sino que además los precios bajaron sin cesar. El Banco de Inglaterra y sus imitadores producían billetes por montos que superaban los totales de sus reservas, pero la continua amenaza de que alguno acumulase una suma suficiente para vaciar las bóvedas de sus competidores les imponía cierta moderación. La eficacia estabilizadora del patrón oro y la enorme libertad para mover mercancías y capitales aumentaban la oferta de productos y servicios, que al volverse más abundantes se vendían a menor precio. La calidad de vida de los pobres mejoraba generación tras generación, y una de las pruebas más rotundas es que por fin dejaron de enterrar sus monedas y accedieron a servicios bancarios a través de instituciones regionales y sociedades de ahorro, en donde depositaban sus peniques y sus centavos con la seguridad de que no perderían su valor.

En 1802, el economista Henry Thornton, nieto de uno de los directores originales del Banco de Inglaterra, publicó una obra en la que expuso lo que consideraba la misión y la base ética de un buen banco central: *permitir que el dinero fluctúe de manera limitada según se necesite y velar por su solidez, sin doblegarse nunca ante las presiones del gobierno o de los grandes comerciantes para seguir el camino fácil de la impresión desmedida de billetes.* El Banco de Inglaterra, contra toda esperanza, se apegó al ideal de Thornton durante más de un siglo, y tan fue así que se estima que para 1913 alrededor del 77% de su papel moneda estaba respaldado con oro.

Pese a su formidable renombre, el Banco estaba unido al Imperio, y cuándo éste decayera forzosamente lo seguiría, pues la monetización de la deuda pública sólo puede proseguir en tanto haya un gobierno poderoso que le insufle confiabilidad. Y el Imperio comenzaría a decaer en 1914, cuando el desastre de la Gran Guerra sacudió el orden geopolítico y puso fin a la Edad de Oro.

d) La agonía del oro

Durante la segunda mitad del siglo XIX, el gobierno de la reina Victoria disminuyó su deuda justo como lo haría cualquier individuo: economizando y haciendo abonos regularmente para reducir el principal. La disciplina rindió frutos y en los albores del siglo XX el adeudo era significativamente menor al que había resultado de las guerras napoleónicas.

Por desgracia, el equilibrio financiero de los ingleses no duraría mucho. Con el estallido de la Primera Guerra Mundial, el gobierno británico no dudó en volver a endeudarse, pues estaba seguro —igual que sus oponentes— de que la conflagración duraría poco y que podría pasar la cuenta a los perdedores. Su equivocación fue descomunal: Gran Bretaña prevaleció, pero al costo de una carnicería horripilante y de que su deuda pública, que en 1913 era de sólo 650 millones de libras, se multiplicara por doce, llegando a la escalofriante suma de 7830 millones.

Al comienzo de las hostilidades, como hizo durante las guerras napoleónicas, el gobierno suspendió la convertibilidad de los billetes en oro. Todos confiaban en que al concluir la lucha la situación se normalizaría. Pero nada volvió a ser como antes. En cuanto se disipó el humo, el Banco de Inglaterra descubrió que estaba al borde del precipicio. El declive de Gran Bretaña había provocado que el dinero comenzara a fluir más deprisa entre las urbes de Europa y la descollante Nueva York, por lo que el Banco se arriesgaba a sucumbir ante una corrida internacional si continuaba emitiendo billetes al mismo ritmo que antes. En adición, tenía que proveer de oro al gobierno para recuperar sus títulos de deuda, de los cuales el 15.7% estaba en poder de extranjeros y vencía a mediano plazo. Y por si lo anterior no fuera suficiente, Francia y otras naciones rivales depreciaron sus monedas para volver más atractivos sus productos y acelerar la fuga del oro inglés. Aunque los timoneles británicos hicieron lo posible para restituir la convertibilidad de la libra en el mismo nivel que antes de la guerra, pronto aceptaron que únicamente había dos opciones, y que ambas eran incompatibles y dolorosas: 1) vivir al borde del abismo respaldando la libra con reservas insuficientes, o 2) descontinuar el patrón oro.

La marejada política y económica, impregnada de incertidumbre y volatilidad, que venía reconfigurando el mundo hizo que sólo la segunda opción fuera viable. En septiembre de 1931 se promulgó una ley que decretaba la inconvertibilidad de la libra, supuestamente de manera transitoria, pero irreversible en la práctica. El patrón oro yacía postrado en un coma inducido, sin esperanzas de recuperación.

El Banco de Inglaterra fue nacionalizado en 1946. La opinión pública no se opuso a que el gobierno incrementara sus poderes monetarios porque durante la Segunda Guerra Mundial el país funcionó como una "economía planificada" aparentemente exitosa.

Recordemos que desde su origen el capital del Banco incluyó una enorme masa de títulos de deuda del gobierno, con la cual, en principio, podía sustituir al oro como respaldo para sus billetes. Si bien durante el auge del patrón oro se mantuvo a raya ese mecanismo, tras la Segunda Guerra Mundial el gobierno cambió de actitud y, con el Banco convertido en su títere, se puso a monetizar deuda a toda velocidad.

Ya que el valor del dinero depende mucho de su escasez relativa, ¿por qué en Inglaterra se siguió un curso que claramente mermaba el poder adquisitivo de la libra? Las ideas de John Maynard Keynes influyeron mucho. Su fórmula para el desarrollo consistía en producir dinero *fiat* para financiar extensivos programas de "obras públicas" que, supuestamente, tendrían un "efecto multiplicador". El régimen de posguerra, encantado con el discurso de Keynes, inundó la economía británica con dinero fácil. Y, como siempre ocurre, al principio la estrategia pareció beneficiosa, pues el desempleo bajó y proliferaron empresas nuevas, pues al disminuir las tasas de interés como consecuencia de la abundancia artificial de dinero resultaba más fácil pedir prestado sin importar la solidez de los proyectos.

Las secuelas negativas no tardaron en sentirse. El mítico "efecto multiplicador" no se veía por ningún lado y el poder adquisitivo de la libra disminuyó sin tregua. Gran Bretaña vivió exactamente el reverso de la Edad de Oro, pues su economía se estancó y los niveles de precios comenzaron a subir, llegando a presentar alzas anuales hasta del 25% durante la década de los 70. Incluso tuvieron que acuñar un vocablo para designar esa situación: *estanflación*. Ese fue el costo de perseguir la espuria prosperidad basada en el dinero *fiat*.

Para entonces al flamante dólar estadounidense ya se había entronizado como la moneda global. En el siguiente capítulo revisaremos sus nobles orígenes, su fulgurante preeminencia y cómo fue que obtuvo el indigno honor de suprimir definitivamente el dinero natural.

e) El ascenso del dólar

La monetización de la deuda pública tal como la ejercía el Banco de Inglaterra y como la ejercen sus clones en los demás países, no sólo es una práctica fraudulenta y riesgosa, sino que implica un desafío formidable: ya que permite crear "dinero" en forma ilimitada, *¿cómo se puede calcular el volumen "adecuado" a producir para no trastornar la economía?*

Los presidentes de los bancos centrales disponen de un arsenal de ecuaciones que, nos aseguran, les permite determinar cuánto dinero se requiere según las condiciones y el desarrollo de cada país. La historia del último siglo, sin embargo, teñida de crisis y violentas devaluaciones, sugiere que "la cantidad adecuada de dinero" es algo que ninguna mente, por brillante que sea, puede establecer.

Y, con todo, los seres humanos en conjunto podemos decidir sin ayuda de ningún iluminado la cantidad de dinero que requerimos. Normalmente, el volumen de unidades monetarias nunca es estático, y las personas lo modifican a partir de las señales que provee el propio mercado. Imaginemos una sociedad que dispone de un millón de monedas de oro para hacer sus transacciones. Si dicha cantidad se mantuviese invariable y, por el contrario, se incrementara la producción de bienes de consumo, las monedas incrementarían su poder de compra.

¿Por qué? Porque el valor de bienes y servicios, igual que el del dinero, depende mucho de su escasez relativa, por lo que si se vuelven más abundantes su precio en oro tenderá a disminuir. Así, en nuestro caso hipotético podrían pagarse más productos con el mismo millón de monedas conforme su valor de cambio se incrementara.

Algunos sugieren que tal cosa no sería deseable porque la gente preferiría atesorar sus monedas esperando que su poder adquisitivo se incrementara aún más, lo que provocaría una parálisis de la economía. Aunque lo anterior parece correcto desde el punto de vista teórico, tal cosa no ocurriría simplemente porque en la realidad los medios de cambio "naturales" nunca existen en cuotas estrictamente limitadas. En nuestra sociedad hipotética ocurriría forzosamente que los mineros, al advertir cómo se incrementaba el valor (es decir, el poder adquisitivo) del oro, se abocarían a extraerlo para aprovecharse de la coyuntura. El metal que extrajeran se añadiría al millón de unidades monetarias existentes, lo cual induciría un descenso gradual en su valor, pues el oro se volvería más abundante en relación con la oferta total de bienes y servicios. Eventualmente, la extracción dejaría de ser una actividad redituable y los mineros interrumpirían sus operaciones hasta que el oro volviese a ser escaso en términos relativos. Así, el mercado enviaría las señales pertinentes para que las personas, persiguiendo su propio interés, ajustaran de manera natural y armónica el volumen de dinero disponible, sin requerir de mandatos coercitivos o ecuaciones esotéricas.

El malestar surge cuando la clase política impide a las personas elegir su propio medio de cambio. En ese sentido, la historia monetaria de lo que hoy conocemos como los Estados Unidos de América nos ofrece valiosísimas lecciones en cuanto a la relación entre el dinero y la libertad.

Mientras John Law pretendía sustituir el oro con papel, y el Banco de Inglaterra perfeccionaba la monetización de los adeudos gubernamentales, del otro lado del mundo, en las tierras que eventualmente se convertirían en los Estados Unidos, un pueblo asfixiado luchaba para sobrevivir a la tiranía.

El gobierno inglés había prohibido a los colonos acuñar monedas y les demandaba que pagasen sus impuestos sólo con libras, de modo que los condenaba a sufrir una perpetua escasez de "dinero de curso legal". La única forma que tenían para conseguir monedas era exportando sus productos, así que en las colonias circulaban libremente no sólo las piezas británicas, sino también las españolas y las portuguesas, en un intento desesperado por satisfacer la enorme demanda.

Si hubieran sido libres, los colonos habrían fabricado, según la dinámica que ya describimos, la cantidad óptima de dinero para cubrir sus necesidades. Como no era posible, tuvieron que recurrir a alternativas de menor eficacia. Entre las más célebres están las conchas de almeja conocidas como *wampum* (nombre científico *Venus mercenaria*), utilizadas por las tribus indígenas y que alcanzaron estatus de moneda de curso legal, si bien sólo para transacciones menores, en Massachusetts y Nueva Inglaterra durante los siglos XVII y XVIII. En Virginia, de igual forma, operó por casi dos siglos un admirable sistema de certificados que se respaldaban con la producción de tabaco. Tales recursos, con todo, se utilizaban a regañadientes, pues ni de lejos podían competir con la conveniencia del oro y la plata.

La escasez crónica empeoró cuando a mediados del siglo XVIII la corona multiplicó las trabas para las exportaciones. En su desesperación, los gobiernos locales comenzaron a producir billetes que no tenían el respaldo de ninguna existencia de metal y, más bien, adquirían su valor por la promesa de ser canjeados eventualmente por alguna cantidad de plata u oro.[11] Los primeros datan de 1690 y fueron emitidos en Massachusetts.

Sin que a nadie sorprendiera, los billetes se devaluaba casi en cuanto se imprimían, pues como el porvenir es inseguro por definición y la gente valora menos una promesa que un bien tangible, los comerciantes los aceptaban con un descuento sobre su valor nominal (en otras palabras, si un billete tenía una denominación de veinte chelines, en la práctica se le concedía un valor de sólo quince chelines, esto para compensar el peligro de que jamás se redimiera). Tanto los billetes de Massachusetts como los de otras colonias circulaban con un descuento que podía llegar a ser altísimo según las circunstancias.

Los billetes más famosos fueron los traumáticos *continentales*, emitidos entre 1775 y 1783 para financiar la guerra de independencia. El gobierno revolucionario no se atrevió a alienar a la gente con algún impuesto (el enojo por las injustas imposiciones británicas fue uno de los motivos principales de la rebelión), por lo que tuvo a bien diferir las molestias imprimiendo billetes. Naturalmente, conforme se inyectaban más y más continentales a la economía, su poder de compra se evaporaba, al punto de que para 1783 las personas les atribuían sólo la milésima parte de su valor nominal. Su declive fue tan absoluto que al final sirvieron sólo para empapelar habitaciones y la gente acuñó el sentencia "no vale un continental" para decir que algo no valía nada.

---

[11] Esta clase de instrumentos se denomina técnicamente "dinero fiduciario". La etimología del adjetivo *fiduciario* es reveladora: viene de la palabra latina *fidūcia*, "confianza, fe", más el sufijo *–ario*, "que implica". En otras palabras, el dinero fiduciario se sustenta en que la gente tenga fe en la solvencia de la entidad que lo emite.

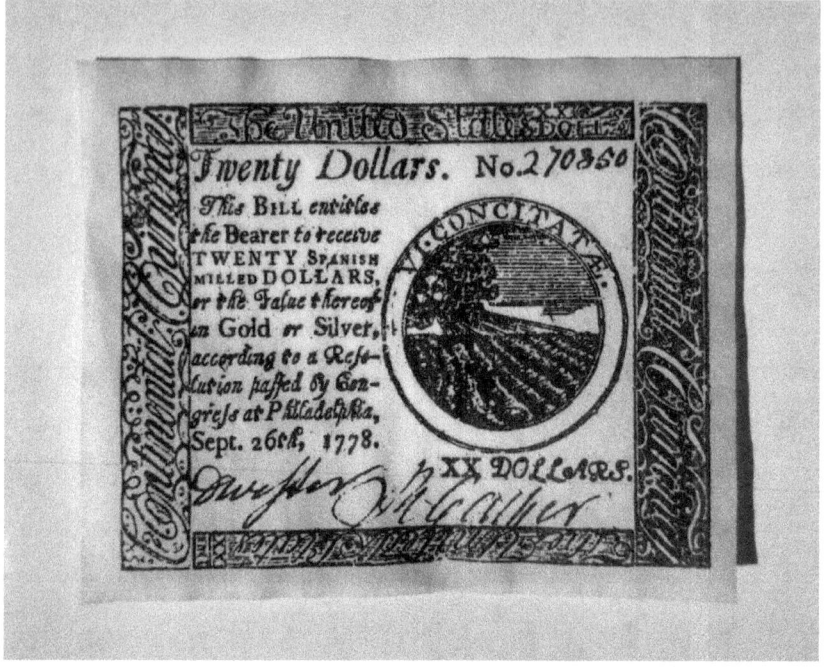

Reproducción de un "continental" de 1778. Para ahorrar tinta y papel, los billetes se imprimían por una sola cara y tenían dimensiones muy reducidas (aproximadamente 10 cm de largo por 7.5 de alto).

Después de semejante desbarajuste, no es de extrañar que los fundadores de los Estados Unidos se tomaran muy en serio la misión de dotar a su país de un sistema monetario sólido. Decididos a prevenir otra debacle de papel, decretaron que la moneda oficial sería el *dólar*, con un valor fijo equivalente a 24 gramos de plata (o 1.6 de oro), y que sólo al Congreso tendría injerencia sobre su producción.

Influyentes grupos financieros intentaron en tres ocasiones (en 1782, 1791 y 1816) fundar una institución monopólica semejante al Banco de Inglaterra. No prosperaron porque la mayoría de la población no había olvidado el trauma de los continentales y porque muchos miembros de la clase política desconfiaban de cualquier organismo que, mediante la producción de billetes, detentara un poder supraestatal. Por ello fue que durante el siglo XIX los Estados Unidos vivieran un supuesto sistema de "banca libre". Al contrario de lo que ocurría en Gran Bretaña, donde existía una legislación a modo para proteger al Banco de Inglaterra, en los Estados Unidos los requerimientos de capitalización para abrir bancos eran mínimos y a todos se les autorizaba la emisión de papel moneda. Así, entre 1830 y 1861, el número de instituciones bancarias pasó de 330 a 1601, por lo que se requería de voluminosos catálogos para que los bancos regionales pudieran distinguir y contabilizar su miríada de papeles.

Pero así como resultaba fácil constituir un banco, también lo era hundirlo, y se calcula que aproximadamente la mitad de todas las instituciones surgidas en aquel periodo terminaron en bancarrota. Los adalides de la banca central han insistido una y otra vez que este episodio prueba que la "banca libre" es inviable y que un sistema financiero sin una entidad reguladora es inherentemente caótico. Sin embargo, es una afirmación falsa, producto de un examen parcial de las evidencias.

La vida promedio de las instituciones era menor a cinco años no porque una carencia de normas los precipitara a una vorágine de anarquía y canibalismo. Por el contrario, el problema de fondo consistía en un exceso de regulaciones mal fundamentadas. Todos los bancos pequeños obedecían a legislaciones estatales que diferían mucho entre sí salvo en un punto crucial: todas permitían la práctica de la reserva fraccionaria. Los bancos podían emitir los billetes que desearan en tanto mantuvieran una reserva mínima de oro y plata, que podía fluctuar entre 12.5 y 33% del valor total de los billetes emitidos y de los depósitos registrados. Así, no es de extrañar que las instituciones fueran esencialmente vulnerables, y no sólo a las crisis financieras o políticas, sino a los simples aumentos estacionales en la demanda de liquidez (lo anterior ocurría, por ejemplo, en los meses de cosecha). Si por cualquier motivo los clientes de algún banco retiraban 12% o más de los depósitos, la institución se arriesgaba a sufrir una corrida.

Era imprescindible mantener en todo momento la impresión de que se contaba con abundantes reservas, por lo que comúnmente las bóvedas permanecían a medio abrir para que los depositantes vieran los tranquilizadores montículos de plata y oro. Sin embargo, banqueros sin escrúpulos burlaban la ley con artimañas tan burdas como cubrir lingotes de hierro con monedas o implementar una "operación carrusel" para transferir fondos de una sucursal a otra y adelantarse a los inspectores del gobierno. Si sumamos la incompetencia de las administraciones estatales a lo defectuoso de la normatividad, no asombra que un tercio de las instituciones de la época haya sucumbido a las corridas.

El presidente Abraham Lincoln impulsó en 1863 una reforma para favorecer el surgimiento de bancos nacionales e implantar un formato único de papel moneda, de forma tal que las instituciones pudieran emitir e intercambiar sus billetes con menos trabas. Sin embargo, sus intenciones en apariencia loables sólo encubrían el mismo truco de siempre para financiar una guerra, en este caso la de Secesión (1861-1865). La flamante ley decretaba que los bancos sólo tendrían que mantener una reserva de oro y plata equivalente al 12% de su capital, y que el 88% restante podían prestárselo al gobierno, que les entregaría billetes con estatus de moneda de curso legal para que a su vez otorgaran préstamos que les rindieran intereses. Así, el genio de Lincoln se las apañó para monetizar la deuda pública sin recurrir a la banca central monopólica tan aborrecida por los estadounidenses.

La nueva ley constituyó un hito muy desafortunado, pues aunque parecía mantener la banca libre, en los hechos la corrompió definitivamente. Si bien redujo la atomización del sistema, eso no representaba un beneficio de fondo, pues las instituciones serían vulnerables en tanto se les permitiera "jinetear" los depósitos de sus clientes.

Más aún, mientras los bancos operaran construyendo "pirámides de reservas" serían intrínsecamente débiles en conjunto. Como los bancos regionales confiaban sus reservas a los bancos estatales, y éstos a su vez confiaban las suyas a los bancos nacionales —establecidos en Chicago, Nueva York y Saint Louis— bastaba con que un puñado de instituciones se declarase en insolvencia para producir un efecto dominó que podía convertirse en un pánico financiero. Así, durante la segunda mitad del siglo XIX las crisis bancarias ocurrieron con bastante regularidad, cada diez años aproximadamente (en 1873, 1884 y 1893), y la mayoría de ellas comenzó con un "contagio" producto de la debilidad de los bancos regionales.

Sin embargo, aquello estaba por cambiar. Después de su mal llamada guerra civil, el país entró en una fase de crecimiento acelerado y continuo que, de manera natural, motivó el desarrollo de una dinámica bolsa de valores. A comienzos del siglo XX, el mercado bursátil ya era tan voluminoso y lucrativo que las grandes corporaciones bancarias, aguijoneadas por la codicia, se pusieron a "jinetear" depósitos con una despreocupación escandalosa, lo que se tradujo en el inédita crisis de 1907, que por primera vez no emanaba de las instituciones regionales, sino de los poderosos bancos de Nueva York.

La sacudida proveyó el empuje necesario para que los mayores consorcios financieros de la época (Morgan, Rockefeller, Kuhn & Loeb, entre los principales), junto con sus compinches en el gobierno, resucitaran la iniciativa de constituir un banco central parecido al de Inglaterra. Su principal argumento fue que para evitar las crisis y los pánicos hacía falta una institución que funcionara como "prestamista de último recurso" para salvar a cualquier banco en peligro por falta de reservas.

Seis años después, en 1913, el congreso aprobó la creación de la famosa Reserva Federal (conocida popularmente como la "Fed"), que sería, para darle un toque bíblico, el Banco de bancos. Como su predecesor inglés, no constituía una entidad pública, pues todas las instituciones afiliadas tendrían que aportar el 3% de su propio capital para constituir el de la Fed. La única diferencia con respecto a su predecesor británico fue que se dividiría en doce ramas regionales para abarcar todos los estados y, en lo posible, eludir la acusación — completamente justificada— de que era una entidad monopólica. El mecanismo de reserva fraccionaria se mantuvo, pero ahora la Fed custodiaría los fondos de sus miembros y, en caso de que alguno requiriese ayuda para resistir a presiones inesperadas, le concedería un préstamo de emergencia.

Todo lo anterior sonaba muy bien. Sin embargo, el verdadero propósito de la Reserva nunca fue reforzar la banca de los Estados Unidos, sino restringir a los competidores regionales. Para 1907, dichas instituciones supuestamente más débiles ya acaparaban el 54% de todos los depósitos del país, y la tendencia iba en aumento. Además, a los grandes bancos les preocupaba que un número creciente de compañías prefiriera reinvertir sus utilidades en vez de pedir crédito. Así, rechazando la ruta difícil de la libre competencia, los jugadores dominantes recurrieron a una banca central que, asistida por la coerción del gobierno, les permitiera "jinetear" impunemente los fondos de los depositantes y reducir las tasas de interés, obligando a sus competidores a operar tan irresponsablemente como ellos.

Según sus defensores, la Fed inmunizaría a la banca contra las enfermedades financieras. Pero su fracaso es indiscutible. Las crisis han sucedido tan regularmente, pero con mayor frecuencia y ferocidad, como en los últimos años del siglo XIX (la primera en 1921, después en 1929, marcando el inicio de la Gran Depresión, y luego en 1953, 1957, 1969, 1975, 1981, 1987, 2000 y 2009), y durante todo ese tiempo el dólar se ha devaluado de manera sostenida, al punto que hoy se necesitan 25.31 dólares para adquirir lo que en 1913 se compraba con uno. En otras palabras, los precios en los Estados Unidos han aumentado 2531% desde que fue fundada la Reserva Federal.[12]

f) La muerte del oro

Aunque el patrón oro fue degollado discretamente en su natal Inglaterra con la legislación de 1931, la Fed lo mantuvo por tres decenios más como alma en pena. Sólo las personas mayores recordarán vagamente, como ocurre con los difusos detalles que nos quedan al despertar de un sueño, que todos los billetes incluían promesas como la que leemos en este dólar de 1928:

---

[12] Fuente: http://www.usinflationcalculator.com/

Imagen cortesía del National Numismatic Collection,
National Museum of American History

Los billetes proclamaban con orgullo: "The United States of America Will Pay to the Bearer on Demand One Dollar", es decir, prometían "pagar al portador" alrededor de 1.5 gramos de oro, prácticamente el mismo peso que los Padres Fundadores le asignaron al dólar más de cien años atrás. Casi todos los billetes del mundo tenían una promesa similar, definida en términos de oro o plata. Los Estados Unidos eliminaron la leyenda no hace mucho tiempo, en 1963, y las demás naciones se apresuraron a seguirle. La mayoría de la gente ignora que el dinero continuó vinculado al oro en forma explícita hasta la segunda mitad siglo XX, y la historia de cómo el gobierno de los Estados Unidos acabó con la "tiranía" del rey de los metales es muy reveladora.

En 1944, cuando el fin de la Segunda Guerra Mundial ya no parecía distante, los Estados Unidos y sus aliados organizaron una cumbre de economistas y banqueros centrales de cuarenta y cuatro países en el retiro vacacional de Bretton Woods, en New Hampshire. Planeaban urdir un sistema que, supuestamente, acabaría con el "caos monetario" de una vez por todas. La "brillante" propuesta de los delegados fue crear dos instituciones que no han servido más que para dilapidar el dinero de sus integrantes: el Fondo Monetario Internacional (FMI) y el Banco Mundial (BM). El FMI coordinaría la cooperación entre las naciones para mantener tipos de cambio estables, mientras que el BM administraría préstamos a países "en vías de desarrollo" o devastados por la guerra.

Aunque los objetivos del FMI y del BM parecían muy loables, pocos se atrevieron a reconocer la existencia de invencibles trabas políticas y económicas, así como de perjudiciales efectos secundarios. En primera, con el patrón oro en suspenso por culpa de Gran Bretaña, ¿cómo estabilizar los tipos de cambio sin una medida común de valor? Los taumaturgos de Bretton Woods introdujeron entonces el sistema conocido como "patrón-cambio oro" (en inglés *gold-exchange standard*), que consistía en que los gobiernos ya no estarían obligados a respaldar sus billetes directamente con oro, sino que podrían hacerlo con cualquier otra divisa que sí fuera convertible. Los Estados Unidos poseían entonces alrededor de dos tercios del inventario mundial de oro, lo que junto con su indiscutible poderío militar y financiero les permitió imponer al dólar como la divisa de reserva oficial. Así, los países suscritos al FMI ya no tendrían que respaldar sus monedas con oro, sino que podrían hacerlo con dólares americanos, los cuales, eso sí, seguirían siendo convertibles en una proporción fija de 35 dólares por onza.

Pocas veces se ha visto mayor arrogancia por parte de algún gobierno, pues era obvio que sin importar la avasalladora fortuna de los Estados Unidos el dólar no podría sostener dicho sistema indefinidamente. Los otros países estaban obligados a acumular dólares, y esa demanda forzosa volvía muy cómodo y tentador para el gobierno americano monetizar sin freno su deuda pública y simplemente permitir que sus dólares se dispersaran por el mundo. Los Estados Unidos abusaron con largueza de su "exorbitante privilegio", como le llamó el presidente francés Charles de Gaulle, y los números hablan por sí mismos: en 1953, los dólares en posesión de extranjeros sumaban siete mil millones, y para 1971 ya ascendían a setenta mil millones, de los cuales sólo el 15 % estaba respaldado por las reservas del gobierno.

Y fue precisamente Charles de Gaulle quien inició la corrida contra el dólar cuando en 1965 hizo pública su intención de canjear sus reservas. Otros países lo secundaron y el gobierno estadounidense no tardó en admitir que no contaba con el oro imprescindible, por lo que el 15 de agosto de 1971 el presidente Richard Nixon declaró que su país no haría más canjes de dólares hasta nuevo aviso.

Y a la fecha seguimos esperando el aviso.

Lógicamente, aquel crimen contra el dinero no podía quedar impune. El dólar se devaluó de la noche a la mañana, pasando de 35 a 38 unidades por onza. A finales de 1973 ya había caído a 106 unidades, y para 1980 se cotizó hasta en 595 unidades. Aunque el gobierno de los Estados Unidos abandonó hace mucho el "patrón-cambio oro", éste no ha dejado de servir como una medida de valor extraoficial, y al momento de escribir estas líneas el dólar se sitúa aproximadamente en 1150 unidades por onza.

Entre 1950 y 1967, el nivel de precios se elevó anualmente sólo 2.5 por ciento. En 1968 subió abruptamente 5.8 por ciento, y a partir de entonces mantuvo una fluctuante tendencia a la alza, hasta que en 1974 alcanzó la escandalosa cifra de 10 por ciento. En consonancia con lo anterior, los años setenta permanecen en la memoria de muchos como un decenio traumático.[13]

---

[13] Hay que aclarar que las cifras anteriores constituyen promedios. Si examinamos artículos individuales todo se redimensiona. Por ejemplo, durante los setenta, los precios del galón de leche y la docena de huevos se incrementaron alrededor de un 50% (de 62 a

No obstante, el dólar no solamente superó la crisis, sino que persiste como la moneda preferida del mundo. ¿Por qué las demás naciones no rechazan esos papeles sin valor intrínseco? Lo que ocurre es que si bien el dólar, la libra, el euro, el yen y las otras monedas ya no están respaldadas con oro, sí están "respaldadas" por la *violencia estatal*. Es decir, cuando un gobierno decide que su moneda es la única "de curso legal", obliga a los ciudadanos a utilizarla para pagar impuestos, multas, cuotas, etcétera, y para acceder a la banca, sin la cual se reducirían sus opciones comerciales y financieras. La coerción estatal es lo que vuelve "valioso" el dinero *fíat*.

Aunque las monedas se definen unas a otras en una danza sin fin (tantos dólares equivalen a tantas libras, tantas libras equivalen a tantos yenes, tantos yenes equivalen a tantos euros, etcétera), su valor de mercado dependerá ultimadamente de múltiples factores, desde la confianza que inspiren las políticas de los gobiernos emisores, hasta la amplitud de los mercados en los que se admiten como "moneda de curso legal". A nadie se le ocurre, por ejemplo, atesorar bolívares porque la política del chavismo se reduce, básicamente, a producirlos a carretadas y, por lógica, su poder adquisitivo continuará deteriorándose. Por el contrario, existe una perpetua demanda de dólares porque el gobierno estadounidense los fabrica según procedimientos y límites definidos, y porque millones de personas de otros países los necesitan para comprar

---

85 centavos y de 1.15 a 1.62 dólares, respectivamente). El precio del galón de gasolina, en cambio, sufrió un dramático incremento de 138%, pasando de 36 a 86 centavos por galón (lo anterior resulta aún más deprimente cuando consideramos que en aquella época se hablaba todavía de centavos, mientras que hoy el galón de gasolina cuesta alrededor de *tres dólares*). La situación no mejoraría sino hasta los años 80, cuando la administración de Ronald Reagan logró meter freno a la espiral inflacionaria, poniendo las alzas en el rango de 3-4% anual.

los productos de su fecunda economía.[14] Así, las monedas tienden a ser más apreciadas según el atractivo económico de los países que las producen y la consistencia de sus políticas.

La distribución del comercio mundial entre las principales divisas se da aproximadamente de la siguiente manera:

1) Dólar: 40%

2) Euro: 35%

3) Libra esterlina: 7%

4) Yen: 3%

5) Renminbi: 1.5%

6) Otras: 13.5%[15]

Dichos números nos dan pie a melancólicas pero trascendentales reflexiones. La libra esterlina reinó imbatible durante el siglo XIX, mientras que hoy ocupa un rezagado tercer puesto. Ahora bien, como señaló Buda, todo lo que tiene un principio tiene un fin, y al ver la fatiga de la primera moneda global nos asalta el pensamiento de que lo mismo puede ocurrirle al dólar.

China se mantiene desde el año 2010 como el mayor país exportador, pero su moneda oficial, el renminbi, se utiliza apenas para el 1.5% de las transacciones. Sin embargo, se estima que de mantener como hasta ahora su ritmo de crecimiento, para el año 2028 el PIB de China igualará al de los Estados Unidos.[16] ¿Cuánto tiempo esperará el régimen

---

[14] Más aún, gran parte del comercio mundial se realiza con dólares. En ese aspecto, se ha hablado mucho de que la administración de Richard Nixon apuntaló magistralmente al dólar otorgando a Arabia Saudita favores comerciales y protección militar a cambio de que influyera sobre los miembros de la Organización de Países Exportadores de Petróleo (OPEP) para cobrar sus ventas de crudo exclusivamente en dólares.

[15] Números redondos a partir de la información correspondiente a 2017. Véase *RMB internationalisation: Where we are and what we can expect in 2018*, p. 9

[16] Véase *Here's How Fast China's Economy Is Catching Up to the U.S*

chino antes de exigir para el renminbi una mayor presencia internacional, desafiando la supremacía del dólar?

Durante este siglo veremos una reconfiguración geopolítica que sacudirá el orden monetario justo como ocurrió a comienzos del siglo XX tras la Primera Guerra Mundial. El dólar no perderá su preeminencia de la noche a la mañana, pero a medida que otras monedas empiecen a lucir como depósitos de valor y medios de cambio atractivos su influencia decrecerá. Y cuando eso ocurra, miles de millones de dólares que hoy permanecen como "reservas" en las bóvedas de los bancos centrales del mundo volverán a su origen, es decir, a los Estados Unidos, donde el gobierno tendrá que revertir su política monetaria si no desea brutales alzas en los precios y la pulverización del propio dólar. Es imposible predecir si lo anterior ocurrirá en forma pacífica y gradual, o violenta y fulminante, pero todo apunta a que es ineludible.

Aunque el oro aún es apreciado por sus aplicaciones industriales, médicas y decorativas, tiene casi un siglo que no funge como dinero de curso legal. Y, sin embargo, mientras la gente intercambia y atesora papelitos sin utilidad intrínseca, el oro continúa allí, inamovible, funcionando como la medida de valor no-oficial del mundo, exhibiendo, para enfado de la clase gobernante y de sus teóricos envilecidos, la farsa del dinero *fíat*.

SEGUNDA PARTE

El monstruo de la inflación

I. La pirámide del mal

En la primera parte del libro exploramos el origen, el desarrollo y la muerte del dinero natural, es decir, el que surgió de la libre elección de las personas. Concluimos en el instante en que la clase política se liberó de la "dictadura" de la plata y el oro, a los que sustituyó con billetes "respaldados" con deuda gubernamental.

En este capítulo examinaremos a fondo la evolución y las consecuencias de las catástrofes originadas por el actual sistema monetario, y revisaremos tres episodios de hiperinflación para extraer conclusiones que nos permitan juzgar nuestras circunstancias y, si es preciso, recurrir a medidas de protección.

a) Un castillo de naipes

¿Qué ocurre cuando un individuo desea gastar más de lo que gana? Tiene tres opciones: 1) expandir sus labores productivas, 2) robar o 3) pedir prestado. Para un gobierno sólo existen las últimas dos, pues no "produce" nada en el sentido económico del vocablo. La totalidad de los "servicios" estatales se financia con recursos de terceros, y en el fondo no hay ninguna diferencia entre la "autoridad" que te amenaza con decomiso o prisión si te rehúsas a pagarle impuestos, y el malhechor que te arrebata tu billetera a punta de pistola.

Con todo, para no indisponer a sus esclavos —léase "contribuyentes"—, los gobiernos evitan financiarse sólo con hurto explícito, por lo que recurren constantemente a la tercera alternativa, es decir, al crédito. Por desgracia, tal como lo obtienen es casi lo mismo que si robaran, sólo que la ciudadanía no lo percibe porque el procedimiento es deliberadamente confuso para disimular el pillaje. Los pasos, *grosso modo*, son lo siguientes:

1. El gobierno pone a la venta *certificados de la tesorería* —es decir, promesas de pago— por un monto específico y con una fecha de expiración. Ahorradores individuales, administradoras de fondos e incluso gobiernos de otros países adquieren los certificados pagando una cantidad menor a la de su valor nominal, y el emisor se compromete a abonarles el valor íntegro una vez que expiren. Dicha diferencia constituye el "interés" que paga el gobierno a sus acreedores.

2. Si resulta que los fondos obtenidos a través de la compra voluntaria de los certificados no cubren las necesidades del gobierno, a éste le queda la opción de transferir los sobrantes al Banco Central, en donde dispone de una cuenta en la que, simplemente, se le anota un "crédito" por el valor de los certificados transferidos. Aunque el "crédito" se expresa en millones de unidades de la moneda local —dólares, euros, yenes, libras, pesos, etcétera—, el banco no tiene ni qué molestarse en

imprimir billetes, pues tan sólo por agregar números a sus registros contables el "dinero" comienza a existir.

3. Entonces el gobierno se dedica a transferir fondos desde su cuenta para satisfacer a sus acreedores y para pagar sueldos de funcionarios, "programas sociales" y obras de infraestructura, para rescatar bancos y compañías "imprescindibles para la nación", etcétera.

4. Finalmente, el "dinero-crédito" se escurre en forma gradual por todos los niveles de la economía, generando *inflación*, es decir, sustrayendo en forma arbitraria una porción del poder adquisitivo de la gente.

5. Aunque podríamos pensar que cuando expiran sus certificados el gobierno devuelve los fondos que recibió al principio, casi nunca ocurre así: lo más común es que fabrique más certificados pagaderos en una fecha posterior y que los utilice para sustituir los otros, y así una y otra vez, siempre por cantidades mayores (más o menos lo que hacen los manirrotos que postergan el Día del Juicio pagando sus tarjetas con otras tarjetas).

No hay que pensar mucho para advertir que el origen del dinero *fíat* demanda que el pago de la deuda se refinancie perpetuamente. ¿Por qué? Porque si el gobierno recuperara sus títulos el banco central tendría que suprimir de su contabilidad las sumas que sacó de la nada, con lo que el dinero se esfumaría justo como fue creado. Así, todos los billetes y monedas no son más que la transitoria encarnación del Fantasma de la Deuda Pública.

Con todo, y pese a su alcance indiscutible, el mecanismo anterior no es el único que fabrica "dinero". A través de la reserva fraccionaria todas las instituciones crediticias producen medios de cambio que no difieren mucho de los que arroja la monetización de la deuda pública. Aunque ya aludimos a ello en las páginas anteriores, es imprescindible que, para completar el panorama, expongamos cómo se produce el dinero-crédito y cómo repercute sobre la economía en general y sobre nuestros bolsillos en particular.

La mayoría de las personas se figura que al saldo en su cuenta de cheques corresponde un monto de dinero físico resguardado en alguna bóveda. ¡Pura ilusión! Para exhibir lo que sucede en realidad, me remitiré a la conocida obra *El ascenso del dinero*, del profesor Nial Ferguson, en donde describe un juego muy ilustrativo que practican los alumnos de la escuela de negocios de Harvard.

Durante el ejercicio, algunos alumnos interpretan el rol de "banquero" y otros el de "depositante". Al inicio, el profesor facilita cien dólares a un alumno para que los deposite con cualquiera de los "banqueros". Según la "ley bancaria", el alumno banquero sólo está obligado a mantener en reserva el 10% del depósito, es decir, 10 dólares, y se le permite disponer del resto como juzgue más redituable. El alumno banquero utiliza los 90 dólares para otorgar un préstamo a otro condiscípulo, el cual toma el dinero y lo deposita con otro banquero. Este segundo banquero, a su vez, sólo está obligado a conservar 9 dólares, y le presta los 81 dólares restantes a otro condiscípulo, quien a su vez los deposita con otro. De esta manera, los cien dólares originales se han inflado en los registros de contabilidad a 271 dólares, que es la suma de los depósitos realizados por los estudiantes.

Advertimos que el único dinero tangible son los 100 dólares originales, que técnicamente se conocen como la *base monetaria*. El término es más que apropiado ya que designa, precisamente, la base sobre la que se erige el castillo de cartas de lo que llamamos *dinero-crédito*, es decir, medios de cambio producidos a través de la reserva fraccionaria y que sólo existen como anotaciones en la contabilidad de los bancos.

Como ya dijimos, la ley estipula que los "banqueros" deben mantener el 10% de los depósitos como reserva, por lo que al final del proceso la masa monetaria había crecido a 271 dólares (100 dólares "reales" más 171 dólares "fantasmas"). Si, por otra parte, la ley hubiera fijado el mínimo de reservas en sólo 3%, la cantidad final de dinero creado ascendería a 291.09 dólares, y así sucesivamente.

Los bancos centrales, en complicidad con la clase política, prescriben aumentos o disminuciones en las reservas para manipular el volumen de los medios de cambio. Aunque la cantidad varía de país en país, la *masa monetaria* —que incluye el dinero físico, el dinero-crédito, los cheques, las letras de cambio y demás instrumentos afines— suma alrededor de diez veces el total de billetes y monedas de la base monetaria.

¿Por qué los bancos centrales modifican la oferta de dinero? Porque así, supuestamente, "estimulan la economía". Y es que cuando estalla una crisis todos los regímenes procuran contener las quiebras, el desempleo y las depreciaciones porque si no arriesgarían su permanencia en el poder. Así, se confabulan con los bancos centrales y disminuyen los requerimientos de reservas para que las instituciones crediticias dispongan de un porcentaje mayor de los ahorros de sus clientes y otorguen más préstamos a una tasa menor. De este modo, se nos asegura, las personas gastarán más en bienes productivos y de consumo, y el dinero alcanzará poco a poco todos los rincones de la economía, generando prosperidad (el mítico "efecto multiplicador" de Keynes). En otras palabras, nuestros gobernantes consideran que la reducción artificial de las tasas de interés constituye una especie de Red Bull para la economía.

No es difícil intuir que hay algo profundamente erróneo en tal estrategia. Como ya señalamos, el valor del dinero depende de su escasez relativa, así que ¿al aumentar la cantidad de medios de cambio en circulación no se reduce su poder adquisitivo? ¡Por supuesto que sí! Sólo que la clase política se escuda en la siguiente verdad a medias: en el mundo hay un exceso de personas desempleadas y materias primas sin utilizar, por lo que el dinero *fíat* agregado se puede invertir en factores productivos ociosos, expandiendo así la oferta de productos y servicios y, por lógica, neutralizando las alzas en los precios.

Y lo anterior es lo que parece al principio de la oleada de "dinero fácil", pues cuando disminuyen las tasas de interés se facilita la obtención de créditos con fines productivos, se multiplican las compras de insumos y bienes de capital, y se crean puestos de trabajo. La liquidez fluye a otras industrias y los consumidores empiezan a adquirir electrodomésticos "a meses sin intereses" o contratan hipotecas o se hacen con automóviles a crédito.

Todo parece ir sobre ruedas en aquel ambiente. Sin embargo, al inspeccionar los detalles, advertimos que aquí y allá existen desajustes que tornan frágil la economía. Lo anterior se hace evidente con sólo encarar una pregunta de sentido común: ¿por qué tantas de las nuevas empresas no podían conseguir créditos anteriormente? En muchos casos no se debía a que las tasas de interés fueran exorbitantes y el dinero "escaso", sino a que la viabilidad de muchos proyectos parecía dudosa y, lógicamente, no era fácil que las instituciones crediticias se animaran a apostarles. Por puro sentido común, muchas de las empresas que surgen gracias al "dinero fácil" tenderán a ser malas inversiones, proclives a naufragar ante la menor ventisca.

A la seductora promesa del "efecto multiplicador" se opone, además, una circunstancia ineludible: *no todas las compañías tienen el mismo horizonte de rentabilidad*. Mientras que algunas empresas pueden rendir ganancias a corto plazo, hay otras que pueden requerir mucho más tiempo. Ese desfase impide una expansión orgánica y uniforme de la economía, por lo que no se puede esperar que la producción se amplíe con rapidez y en forma generalizada. Así, la oferta de bienes y servicios tiende a rezagarse en relación con el flujo de dinero *fíat*, cuyo poder adquisitivo disminuye gradual e inexorablemente.

Si se monetiza más deuda o se permite a los bancos crear dinero-crédito durante un periodo mayor, las tasas de interés artificialmente deprimidas multiplicarán los desajustes en el aparato productivo. Además, la "abundancia de dinero" —léase *inflación*— provocará que se encarezcan los víveres, los insumos y la mano de obra. Y una vez que aquello se agudice lo suficiente como para que la población lo resienta, los economistas oficiales dictaminarán pintorescamente que "la economía se ha sobrecalentado", y para que los votantes se tranquilicen se ordenará a las instituciones crediticias que aumenten sus reservas, con lo que disminuirán los medios de cambio en circulación y se frenarán las alzas.

Volvamos al ejercicio de los estudiantes de Harvard. El profesor pide al primer alumno que recupere sus 100 dólares. Su "banquero", sin embargo, sólo cuenta con 10 dólares en caja, así que corre por los 90 dólares que prestó a otro alumno, quien a su vez acude a hacer el retiro correspondiente y, ¡pum!, las 271 unidades de dinero-crédito se reducen hasta las dimensiones de la base monetaria real, que es de sólo 100 dólares. Técnicamente, ha ocurrido un proceso *deflacionario*.

En la vida real, ciertamente, no ocurren contracciones tan drásticas. Sin embargo, al aumentar los requisitos de reservas sí que ocurre una deflación que estabiliza o que incluso baja los precios, si bien a costa de colocar todo el sistema al borde del abismo. Las tasas de interés suben necesariamente al disminuir los fondos disponibles para otorgar préstamos, y los consumidores descubren que no hay más compras a "meses sin intereses", por lo que restringen su gasto y afectan a los productores que, seducidos anteriormente por el aumento transitorio en la demanda, se endeudaron para adquirir materiales y bienes de capital. Con el correr de los días, muchos descubren que la rentabilidad de sus proyectos fue sólo un espejismo, y se declaran en quiebra. La ola expansiva sacude el mercado laboral, el desempleo se dispara y, consecuentemente, muchos trabajadores empiezan a retrasarse en el pago de sus hipotecas, de las colegiaturas de sus hijos o, simplemente, de sus tarjetas de crédito, con las cuales compraron despreocupadamente un montón de ropa, sombreros, comidas caras, *gadgets*, etcétera. Y, como es fácil imaginar, de ahí la infección avanza a todos los ámbitos de la economía.

Así es como inician las depresiones económicas. Durante el siglo XIX no eran tan agudas ni tan extendidas, y eso se debe a que si bien los bancos operaban con reserva fraccionaria, ningún régimen podía manipular el volumen de dinero ni las tasas de interés como hacen hoy fácilmente todos los gobiernos, sean dictatoriales o democráticos. Aunque la banca decimonónica podía en principio abusar de la emisión de dinero-crédito, rara vez lo hacía por temor a las consecuencias de sus errores. Las tasas de interés reflejaban realmente el volumen de ahorro y la aversión al riesgo de los inversionistas, y todas las solicitudes de crédito se evaluaban en función de juiciosas proyecciones de rentabilidad, a diferencia de lo que ocurre hoy, cuando la manipulación monetaria multiplica los espejismos.

Adicionalmente, las crisis ya no sólo duran más y sus alcances son mayores, sino que se ensañan con los inocentes y son benévolas con los culpables. El capitalismo liberal decimonónico se ha reemplazado con lo que en inglés se denomina *cronny capitalism*, es decir, un "capitalismo de compadres", y cuando estalla la crisis el gobierno rara vez deja que sus amigos —principalmente la banca y las grandes corporaciones— asuman los resultados de sus apuestas. El gobierno estadounidense (por mencionar sólo uno, pues el "capitalismo de compadres" ha infectado en mayor o menor medida a todas las naciones), tiene un ilustre récord de generosos "rescates" financiados con deuda pública. En los setenta, por ejemplo, garantizó el reembolso de los créditos que algunas instituciones otorgaron a las decadentes compañías ferroviarias del país; después concedió cuantiosos préstamos a Lockheed y a Chrysler, entre otras corporaciones quebradas, y más tarde inyectó liquidez a los irresponsables bancos de Detroit, Philadelphia y Chicago.

Con todo, la mayor ola de rescates tuvo lugar hace un decenio, si bien sus orígenes se remontan a 1920, cuando Herbert Hoover convirtió en una prioridad que la mayoría de los estadounidenses tuviera casa propia. Para el efecto se fundaron algunas sociedades hipotecarias con apoyo gubernamental, entre las que sobresale la Federal National Mortgage Association (más conocida con el amigable nombre de "Fannie Mae"), fundada en 1938 por el populista Franklin Delano Roosevelt.

Como ocurre siempre con cualquier "programa social", la iniciativa al servicio del *American Dream* creció como una bola de nieve, ampliando la cobertura y reduciendo las restricciones, hasta que a principios de los noventa se promulgó una ley que eximía a Fennie Mae y a su institución hermana, la Federal Home Loan Mortgage Corporation ("Freddie Mac"), de pedir a los solicitantes un buen historial crediticio, un pago inicial o ingresos estables. Lógicamente, las compañías hipotecarias privadas también redujeron sus requisitos para sobrevivir a la competencia desleal de los engendros gubernamentales. Como era previsible, la cantidad de morosos aumentó gradualmente, hasta que el volumen de cartera vencida se hizo insostenible y todo acabó en la Gran Recesión de 2008. El gobierno tuvo que intervenir las cuentas de Freddie Mac y Fanny Mae, así como rescatar a la aseguradora AIG, a American Express, a Citigroup, a Goldman Sachs, a Bank of America y a casi todas las grandes instituciones crediticias del país. Y el "plan de rescate" se presentó como justo y necesario porque salvaría los empleos y el patrimonio de millones de personas.

A pesar de que muchos se manifestaron clamorosamente contra los rescates (el movimiento "Occupy Wall Street" cobró gran notoriedad) e incluso se produjeron películas y documentales sobre el tema (*Inside Job* y *The Big Short*), muy pocos seguían el rastro hasta su origen para señalar que si el gobierno se hubiese abstenido de brindar facilidades absurdas para la concesión de hipotecas no habría estallado ninguna crisis. Todo se redujo a estridentes y presuntuosas acusaciones contra el "capitalismo" (?), sin tocar ni de lejos el problema de fondo.

El origen del caos, básicamente, radica en una perversión legal. Si alguien deposita dinero con fines de *resguardo*, lo que espera es que su patrimonio esté seguro y disponible a toda hora. Por el contrario, si el depositante lo entrega en calidad de *préstamo*, se asume que no puede exigir su devolución durante el periodo establecido y que al banquero se le permite utilizarlo libremente.

La distinción elemental entre un *depósito* y un *préstamo*, tan diáfana en la jurisprudencia grecolatina, es algo que nadie ha querido aclarar de una vez por todas en la legislación contemporánea. Al respecto, durante el siglo XIX en Inglaterra se pronunciaron calamitosos veredictos que continúan influyendo sobre la ley bancaria. Uno de los más importantes es el del célebre caso de *Foley vs Hill and Others* (1848), en el que Lord Cottenham juzgó, desde su particular y discutible punto de vista, que los depósitos recibidos por un banquero se transformaban en su propiedad para utilizarlos como mejor considerase, pero sin que desapareciera su obligación de reponer la suma original en cuanto el depositante lo solicitara. Su incoherente doctrina se infiltró en todas las legislaciones, por lo que actualmente lo "normal" es que los ahorros se llamen "depósitos a la vista", pero que en la práctica se utilicen como préstamos y, para rematar, que no rindan intereses (incluso cuando se engatusa a los ahorradores con pagarés, los bancos canalizan los recursos a instrumentos que les producen ganancias muy superiores). Así, estimado lector, tus ahorros no están en ninguna bóveda ni rindiendo para ti, sino que son prestados a particulares, empresas e incluso a regímenes manirrotos.

En lugar de ofrecer un solución categórica basada en la distinción elemental entre un *depósito* y un *préstamo*, la clase política y sus asesores han complicado terriblemente las cosas al proponer la "solución" bastarda de que los banqueros se sirvan de los fondos de sus clientes a condición de que se volumen de reservas esté dentro de los "límites legales" y que se afilien al Banco Central. Así pueden "jinetear" alegremente los ahorros de los depositantes, pues la afiliación incluye una línea de crédito de emergencia para eludir cualquier peligro de "falta de liquidez". Y todo simula marchar sobre ruedas, aunque tras bambalinas los "compadres" del gobierno se enriquecen con los ahorros de los incautos y contribuyan a crear las condiciones para la próxima debacle financiera.

Los bancos ya no sufren corridas porque, como ya dijimos, el grupo gobernante puede producir todo el "dinero" que se necesite para rescatarlos a expensas de los contribuyentes (claro, lo anterior sólo si las dimensiones de la institución en peligro permiten invocar los fantasmas del Desempleo y la Ruina de los Ahorradores: a los bancos chicos se les permite quebrar o que los absorban otros que sí son "vitales para la economía de la nación"). Si las personas comprendieran los mecanismos que hemos denunciado estos robos no ocurrirían. Así de fácil.

b) El inmoral origen del monstruo

Como ya dijimos, los "compadres" del gobierno casi nunca quiebran. Actualmente, la mayor víctima de las crisis es la población en general. En el inciso anterior expusimos las consecuencias económicas (disminución del poder adquisitivo y pérdida de empleos creados con "dinero fácil"), pero nuestra exploración permanecería inconclusa si no expusiéramos también la dimensión moral de la moneda *fiat*.

Hace tiempo trabajé en una preparatoria donde los estudiantes de último año reunían los fondos para su fiesta de graduación organizando kermeses. Para mí, la más memorable fue una en la que dieron un toque muy creativo al tradicional "banco", pues imprimieron en los "billetes" las caras de los profesores más representativos de la institución. Aparte de la risa que me produjo, me asombró que hubieran recreado inadvertidamente, pero con notable exactitud, el origen del papel moneda: para controlar la economía de la kermés, obligaban a los visitantes a canjear su dinero (en el pasado hubiera sido de plata y oro) por papeles sin valor intrínseco —¡y estampados con imágenes legitimadoras del régimen!— y que sólo circulaban como "moneda de curso legal" en el recinto de la kermés.

Al ver lo anterior, me dije: «¿Qué ocurriría si los alumnos imprimieran más "dinero" del que la gente estaba dispuesta a adquirir?». Me los imaginé formando una banda de falsificadores y repartiéndose los billetes. Las palomitas de maíz, los nachos, los algodones de azúcar y los refrescos se agotarían antes de lo esperado, y nadie sospecharía que el motivo era una inyección de dinero adicional.

Eventualmente, los visitantes que hubieran postergado más su consumo descubrirían que ya quedaba poco en los puestos y, desesperados por deshacerse de sus billetitos, comprarían lo que más les agradara de las sobras (globos, peluches, artesanías, etcétera). Los vendedores de estos artículos que normalmente no son tan populares se dirían: "¡Wow! ¡Se están vendiendo como pan caliente!", por lo que el próximo año llegarán provistos con el doble de producto, sólo para descubrir que la demanda adicional ha desaparecido tan misteriosamente como llegó, dejándolos con una montaña de artículos sin vender.

Pero me estoy adelantando. Por ahora las víctimas son los consumidores finales, que se han quedado con cientos de papelitos inservibles fuera de la kermés. Resulta obvio que la sociedad de alumnos se benefició por partida doble: en primera, porque se quedó con el dinero de "verdad" que los visitantes canjearon al principio, y en segunda porque los falsificadores obtuvieron mercancías a un costo minúsculo, diluyendo el poder adquisitivo de los consumidores en general, y empobreciendo a los más rezagados en particular.

Los escenarios catastróficos en los que el dinero *fiat* no permite comprar nada son inusuales (pero sí ocurren, y en el siguiente capítulo vamos a examinar tres de ellos). Con todo, incluso en condiciones de inflación moderada se da el enriquecimiento de una minoría mediante sustracción de poder adquisitivo, así como diversos desajustes en la estructura productiva. Siempre que los bienes y servicios se agotan más pronto por una inyección de dinero *fiat*, los productores y los vendedores suben los precios y/o amplían sus inventarios para, inconscientemente, restablecer el equilibrio entre la oferta y la demanda. Si la manipulación es transitoria, los desajustes económicos serán menores e incluso pueden pasar desapercibidos. Si, por el contrario, la inflación crece y se prolonga, el volumen de dinero *fiat* sobrepasará cualquier posible añadido a la producción, por lo que se agudizarán las alzas en los precios y los desajustes.

En la vida real, claro, la producción de dinero no la controlan los particulares. Cualquier individuo que imprima billetes o acuñe monedas es acusado de falsificador y se le persigue sin piedad. Los falsificadores son universalmente aborrecidos porque consiguen gratis los productos que a alguien más le costaron esfuerzo y privaciones. En vista de lo anterior, resulta pasmoso que tantas personas detengan ahí sus reflexiones y no deduzcan que eso es justamente lo que hacen todos los regímenes.

El ciudadano promedio no sabe nada sobre la monetización de la deuda pública y se imagina inocentemente que sólo se produce el papel moneda imprescindible para sustituir el que ya está muy viejo o maltratado. La realidad es muy diferente, pues la clase política no se diferencia de una banda de falsificadores en tanto que produce dinero a partir del aire y se enriquece a sí misma y a sus amigos a expensas de los demás.

Las personas quieren creer —aunque en el fondo lo dudan— que existe una legión de sabios economistas que aconsejan a los poderes ejecutivo y legislativo sobre las acciones más adecuadas para traer la dicha y la prosperidad al "pueblo bueno". Sin embargo, en el fondo persiste el escepticismo, y no puede ser de otra forma en vista de que los precios no paran de subir y que las debacles financieras nos sacuden con sospechosa regularidad. ¿Es que los insignes oráculos de la economía desconocen las causas de la inflación y sus tortuosas consecuencias? ¡Oh, por supuesto que las conocen! Llevan siglos teorizando sobre incontables episodios de inflación, al punto de que en la actualidad cualquier estudiante de economía bisoño sabe que conforme se incrementa la cantidad de dinero en circulación su poder adquisitivo tiende disminuir.

II. El monstruo escapa de su jaula

Ya sin la obligación de mantener reservas de oro, todos los regímenes del mundo se permiten fabricar dinero *fiat* sin descanso. Abrir la caja de Pandora implica un viaje sin retorno, pues los políticos vivirán con la perpetua tentación de hacer más billetes para no recurrir a impopulares impuestos que pongan en peligro su permanencia en el poder.

En los países con una división de poderes más o menos efectiva, los gobernadores de los bancos centrales asumen el compromiso de "estabilizar el valor de la moneda" y "contener la inflación", de modo que si bien los precios no dejan de subir, lo hacen a un ritmo regular (por decir, entre 2 y 4% anualizado) que permite a los actores económicos hacer planes y emprender proyectos con relativa seguridad. Sin embargo, es muy significativo que sólo ofrezcan "contener" la inflación. Lo cierto es que ninguno hablará nunca de suprimirla porque los sistemas monetarios y financieros actuales tienen en sus núcleos incentivos invencibles para que no se quiera ni se pueda dejar de producir dinero *fiat*.

Según la definición clásica propuesta en 1956 por el economista Phillip D. Cagan, se considera que existe *hiperinflación* cuando los precios suben más de 50% en un solo mes. De acuerdo con lo anterior, durante los últimos cien años se han dado más catástrofes de ese tipo que en ningún otro momento de la historia. En un estudio realizado en 2012 por los profesores Steve Hawke y Nicholas Krus se reveló que desde el año 1920 se han producido 52 casos de hiperinflación en diversas partes del mundo. Eso significa que desde el final de la Primera Guerra Mundial, cada dos años en promedio algún país ha sufrido un episodio de hiperinflación… y no es ninguna casualidad que su frecuencia haya aumentado con el declive del patrón oro.

En el sistema actual de fraude institucionalizado hay de ladrones a ladrones, y mientras que algunos son casi tolerables (como la Fed o el BCE), otros son verdaderos psicópatas. En este capítulo vamos a examinar dos de los casos más representativos de la Era de la Inflación: Alemania y Zimbabue. Ambos encierran muchas lecciones útiles para las personas que busquen anticipar el peligro y proteger su patrimonio ante gobiernos psicópatas.

a) El caso de Alemania

Entre 1914 y 1918, Europa se convirtió en el escenario de una matanza como el mundo jamás había visto y cuyas consecuencias continúan presentes hasta hoy. En la Primera Guerra Mundial se enfrentaron dos coaliciones: las "Potencias Centrales", integradas por Alemania, el

Imperio austro-húngaro, el Imperio otomano y Bulgaria, y los "Aliados", con Francia e Inglaterra al frente.

Como hizo durante las guerras napoleónicas, el gobierno británico suspendió la convertibilidad de la libra inmediatamente. Las otras naciones hicieron lo mismo y, a continuación, comenzaron a emitir bonos para levantar sus ejércitos. Lo anterior, aunado a la ruptura de las cadenas de suministros y a las dificultades para distribuir mercancías, alentó un encarecimiento generalizado de los bienes de consumo.

Si bien todos los países beligerantes esperaban pasar la factura a los perdedores, por lógica sólo unos lo conseguirían, y fueron los Aliados. Terminadas las hostilidades, los vencedores comenzaron a reconstruir sus economías y a estabilizar sus monedas mientras los vencidos se estancaban en situaciones ruinosas.

Si bien Austria, Hungría y Alemania sufrieron desastres inflacionarios parecidos, el de la última es el que ha perdurado como el paradigma de lo que conocemos como hiperinflación. A casi un siglo de distancia, aún constituye un caso de estudio indispensable para quien desee comprender los peligros de un sistema donde al gobierno se le permite fabricar billetes sin restricción.

Aunque muchos han creído que Alemania ardió en la pira inflacionaria por las "exorbitantes indemnizaciones" que le exigieron los Aliados, tal opinión es producto de la miopía. El verdadero culpable fue el mismo de siempre: un gobierno manirroto e incapaz de poner en orden sus finanzas.

Retrocedamos algunas décadas. Durante la segunda mitad del siglo XIX, el Imperio alemán se consolidó bajo la férula del káiser Guillermo y de su mítico canciller Otto von Bismarck. Hacia 1880, un tanto para contrarrestar la creciente y preocupante penetración del socialismo, Bismarck introdujo populares innovaciones, como los seguros por desempleo y accidente, así como el primer sistema estatal de pensiones. Este "paternalismo", sin embargo, requería la creación de una red de burócratas, que al comienzo se condujo con admirable eficiencia (Lenin afirmó en su obra *Estado y revolución* que el servicio postal de Alemania era un modelo idóneo para las empresas del futuro orden socialista). Sin embargo, lo que en su origen fue una respetable organización, en el fondo constituía una bomba de tiempo, pues, como ya vimos, las estructuras burocráticas y los "programas sociales" tienden a expandirse y a degenerar sin salvación.

La derrota en la Primera Guerra Mundial produjo el colapso del Imperio, de modo que en 1919 Alemania se convirtió en lo que hoy se recuerda como la "República de Weimar" —por la ciudad donde estableció su congreso constituyente—, con una administración socialista. Tras en eufórico arranque, el flamante régimen descubrió que tenía las manos atadas por una deuda monstruosa, una burocracia excesiva y un déficit gigantesco. Además, no sólo enfrentaba condiciones adversas en lo económico, sino también en lo político y social, pues el trauma de la derrota se tradujo en un clima inmejorable para el surgimiento de agitadores que promovían huelgas e incluso perpetraban sabotajes y asesinatos políticos.

Para tener la protección del ejército, el régimen tuvo que transigir con los líderes de la vetusta aristocracia militar, y para mantener la adhesión de las centrales obreras tuvo que ofrecerles costosos subsidios (reducciones en las tarifas ferroviarias, así como pan y carbón a precios "populares"), junto con una reforma laboral que incluía compensaciones por despido y accidentes, jornada máxima de ocho horas e incrementos en las pensiones. Aunque en la superficie aparentaban ser medidas beneficiosas para el pueblo, en el fondo eran contraproducentes porque impedían que los ciudadanos trabajaran cuanto quisieran para reconstruir su patrimonio con mayor rapidez, y porque como el gobierno estaba al borde de la bancarrota los subsidios tenían que pagarse monetizando deuda, lo cual implicaba una sustracción diferida, pero ineludible, del poder adquisitivo de los pobres a los que supuestamente se pretendía ayudar.

Y los más triste es que un examen somero de las circunstancias apunta a que la historia pudo ser muy diferente: como las reparaciones de guerra no empezarían a cobrarse sino hasta el 10 de enero de 1920, fecha en que entraría en vigor el Tratado de Versalles, si el gobierno hubiera reducido oportunamente la burocracia y los subvenciones no se habría embarcado en el criminal endeudamiento que volcó terribles penurias sobre los alemanes. Y es que, en vez de ceñir su gasto a los impuestos que podía recaudar, el régimen de Weimar hizo lo mismo que el del káiser, es decir, ofrecer títulos de deuda para que inversionistas y ahorradores locales y extranjeros los compraran, con el agravante de que cuando el público perdió interés en los títulos, simplemente transfirió los sobrantes al famoso *Reichsbank*, el banco central de Alemania, para "respaldar" papel moneda que el gobierno diseminó gradualmente por toda la economía, minando el poder adquisitivo del marco.

Ahora bien, aunque el gobierno de Weimar comenzó a inflar la masa monetaria desde 1920, las consecuencias no se sintieron con rapidez porque la inflación es un fenómeno acumulativo que puede proseguir durante años sin que se resienta, de modo que fue hasta 1922 cuando el público empezó a sospechar que algo no estaba bien. Al concluir la guerra, todos habían esperado que los precios regresaran poco a poco a los niveles de antes, pero no sólo no ocurrió así, sino que empezaron a mostrar subidas cada vez más agudas y frecuentes. En abril de 1922, por ejemplo, un huevo costaba 3.6 marcos; en septiembre, ya costaba 9 marcos, y posteriormente subió a 14, luego a 22 y, ya en diciembre, a 30 marcos. En otras palabras, el huevo se encareció más de 800% en apenas ocho meses. Otro artículo de consumo básico que sufrió un aumento aún más espectacular fue la leche: en abril, un litro costaba alrededor de 7 marcos, para agosto ya había subido a 16, y un mes más tarde casi se duplicó, llegando a 26; a principios de noviembre ya valía 78, y para diciembre alcanzó la estratosférica suma de 202 marcos. En otras palabras: la leche se encareció 2900 por ciento.

La depreciación del marco frente a otras monedas contribuía también a las alzas porque encarecía las importaciones de víveres, medicamentos e insumos. La depreciación fue inducida en principio por el enorme déficit en las finanzas públicas, aunque fue acentuándose por factores más bien psicológicos, pues llegó el momento en que cualquier mala noticia empujaba a la población a refugiarse en otras monedas, poniendo al marco en una montaña rusa de fluctuaciones a la baja. Y los números al respecto son escalofriantes: al concluir la Primera Guerra Mundial se necesitaban alrededor de ocho marcos para comprar un dólar, mientras que para diciembre de 1922 ya se necesitaban 7400 unidades. En otras palabras, la moneda alemana se depreció 92,500% con respecto al dólar en tan sólo cuatro años.

Naturalmente, la población en general carecía de los principios económicos para entender las causas de los incrementos, por lo que se aferraba a disímiles explicaciones que iban de lo ingenuo a lo delirante: a un complot de los Aliados, a la voracidad de los capitalistas, a la usura de los judíos. Muy pocos notaban que el culpable era el gobierno, que a través del Reichsbank estaba monetizando deuda a un ritmo vertiginoso.

El punto de quiebre llegó a finales de 1922 cuando el gobierno francés, que venía buscando un excusa para intervenir militarmente, denunció demoras inaceptables en el pago de sus indemnizaciones y, acto seguido, envió tropas a ocupar la provincia de Ruhr, que albergaba el 80% de las industrias acerera y carbonífera de Alemania. A raíz de esto, el marco se depreció 40% de un día para otro y la escasez de bienes de consumo se agudizó. El desamparado régimen de Weimar propuso una "resistencia pasiva" y ofreció un incentivo económico a los trabajadores que no colaboraran con los franceses, incentivo que, ya lo adivinaron, se financió con más deuda.

Fue entonces cuando el tsunami de billetes arrasó con todo. Como ya dijimos, el desbarajuste inflacionario tardó en sentirse, pero ya con cierta magnitud produjo un monstruo con vida propia. A finales de 1922 los precios ya se duplicaban cada mes, y todos los agentes económicos corrían enloquecidos en un ineficaz intento por ganarles la carrera. Los distribuidores, calculando que sus ganancias de hoy no les alcanzarían para resurtir sus inventarios, añadían un sobreprecio para adelantarse a la depreciación, y los consumidores, a su vez, intercambiaban sus billetes casi en cuanto los recibían, ansiosos por hacerse con cualquier artículo que mantuviera un poco de valor. Así, el dinero se movía cada vez más rápido, traduciéndose en un salvaje círculo vicioso que durante 1923 condujo a la República de Weimar a la Dimensión Desconocida.

El grueso de los trabajadores, que cobraba a la quincena, no tardó en exigir pago semanal, y después cada tercer día, hasta que en el peor momento de la crisis se le tuvo que pagar *diariamente* en dos partes, pues la depreciación del marco ya era tan vertiginosa que disponer de una porción del sueldo por la mañana permitía comprar más artículos que si se esperaba a recibir todo por la tarde. Lo anterior, cabe agregar, favorecía sólo a los sindicalizados, cuyas organizaciones pactaban con prontitud aquellas toscas medidas de protección. Los independientes — médicos, profesores, músicos, sastres, etcétera— sólo miraban desguarnecidos cómo sus ingresos se desvanecían, y ni qué decir de los jubilados, cuyas pensiones petrificadas los convertían en indigentes a menos que tuvieran hijos devotos o propiedades que malbaratar.

Los dueños de inmuebles, a su vez, se desangraron con la aparición de las "rentas congeladas", con las que el gobierno no sólo "socorría" a los pobres a expensas de los arrendatarios, sino que también paliaba los síntomas de sus desmanes con el dinero (como vimos al examinar la decadencia del Imperio romano, la aparición de controles de precios a gran escala constituye uno de los avisos iniciales del colapso, y en ese aspecto Alemania no fue la excepción).

Junto a estas penurias, las muertes por tuberculosis y otras enfermedades aumentaron de manera sostenida entre 1921 y 1923, lo cual se correlaciona con los números en el ámbito nutricional: estadísticas de la época nos hablan de que durante 1922 comenzó a sustituirse la carne de cerdo con carne de caballo, y que para 1923 el entorno ya era tan difícil que los más pobres empezaron a consumir carne de perro. Con todo, lo más desolador es que, estrictamente, en el país no faltaban las provisiones: en 1923 la cosecha fue muy abundante, pero los campesinos sólo aceptaban billetes foráneos o monedas de oro, y casi nadie los tenía.

Durante 1923 se volvió común ver a las personas con abultadas cestas y maletines repletos de billetes. Hacia el mes de junio el billete de menor denominación era de cien mil marcos, y muy pronto se vieron otros que "valían" millones y billones; para noviembre ya fue inevitable imprimir uno de cien trillones, es decir, cien millones de millones, el más alto que llegó a circular. Diariamente se publicaban en los periódicos listas de "multiplicadores" para que las personas previeran sus gastos (por ejemplo, se leía que "la tarifa de los taxis equivale a la tarifa regular multiplicada por 300 000" o "la entrada a un baño público cuesta el precio normal multiplicado por 115 000"). En un mundo sin teléfonos inteligentes y calculadoras de bolsillo, se requerían habilidades matemáticas superiores no sólo para deducir los precios, sino para contar los fajos de papel con los que se pagaban las compras.

En paralelo, la depreciación del marco frente a otras divisas continuó imparable: mientras que a principios de 1923 se necesitaban ocho mil marcos para comprar un dólar, para junio ya se necesitaban ciento setenta mil, y para noviembre (el mes cuando por fin el Reichsbank dejó de absorber los títulos de deuda del gobierno) se necesitaban cuatro billones (es decir, un cuatro seguido de doce ceros) para comprar un dólar. Como era de esperarse, la ciudadanía se refugió en el trueque, cambiando cigarrillos por pan o huevos por carbón. Muchos, desesperados por hacerse con cualquier cosa para intercambiar, "ordeñaban" los automóviles y removían las placas con los nombres de las calles.

Durante la gestación de la crisis, el Reichsbank no sólo produjo papel moneda irrestrictamente, sino que además alentó a la banca a conceder créditos sin reservas, lo que, conforme al mecanismo que ya explicamos, sólo avivó la lumbre de la inflación con "dinero fantasma".

Además, en aquel entorno de libertinaje crediticio, los inversionistas abandonaron la prudencia con la que normalmente evaluaban sus prospectos, por lo que en 1923 se dispararon las compras de acciones, materias primas y bienes de capital, lo que se tradujo en multitud de malas inversiones, cuya inevitable liquidación vendría después con secuelas desastrosas para la economía y el empleo. Dicho entorno, además, estimuló a los especuladores cambiarios, que obtenían ganancias prontas y casi seguras con un método muy simple: contrataban un préstamo en moneda local y con él adquirían dólares, libras o francos suizos; luego esperaban a que el marco se depreciara otro poco y entonces vendían las divisas para devolver el principal y embolsarse la diferencia.

El propio gobierno, transformado en un yonqui del papel moneda, requería de inyecciones cada vez más frecuentes y copiosas para seguir funcionando. Como todo se encarecía a una velocidad cegadora, la recaudación de impuestos se hizo no sólo impráctica, sino irrelevante, por lo que para octubre de 1923 al gobierno ya cubría el 99% de su gasto con billetes recién salidos de la imprenta. Tal cifra escandalosa, empero, no debe sorprender a nadie, pues se estima que entre 1914 y 1923 sólo el 15% del gasto público se solventó con recaudación directa, por lo que Alemania simplemente estaba tocando fondo después un largo proceso de autodestrucción.

Ahora bien, como cualquier adicto, el país necesitaba precisamente tocar fondo para poder recuperarse, y en octubre de 1923 el gobierno proclamó que dejaría de golpe la droga de la moneda *fíat*. El 15 de noviembre el Reichsbank cesó de comprar los bonos del gobierno, con lo que *ipso facto* se detuvo la impresión de billetes; asimismo, introdujo una nueva moneda, el *Rentenmark*, que equivalía a la simbólica suma de un billón —es decir, mil millones de millones— de los viejos marcos. Y ya que no se tenía oro suficiente para prometer la convertibilidad del Rentenmark, éste fue respaldado, al estilo de John Law, con el valor de tierras y mercancías en poder del gobierno. Fue un lance muy riesgoso, pues, como vimos en el capítulo IV, la monetización de recursos heterogéneos e imperfectamente fraccionables es artificial y, por lo mismo, insostenible sin la coerción de un gobierno fuerte. Con todo, el país abrazó el Rentenmark y, como por arte de magia, los precios se estabilizaron y la comida regresó a las urbes, pues la nueva moneda se ganó a los agricultores que no habían querido intercambiar sus productos por los viejos billetes en caída libre.

Sin embargo, pese a las alentadoras señales, el país tendría que pasar aún por una cruel convalecencia. Con el aparato productivo y los canales de distribución inservibles, los bienes de consumo costaban el doble que en el resto de Europa. Además, los peligros monetarios no desaparecerían del todo mientras no se reformase al gobierno en sí, que había involucionado en una entidad paternalista y quebrada. Con ese fin se despidió a muchos burócratas y se decretaron agudas alzas de impuestos tasadas en oro. Aunque dolorosas, se trató de disposiciones muy eficaces, pues en tan sólo cien días el gobierno pudo financiar su gasto exclusivamente con lo que recaudaba.

Por otra parte, cuando el Reichsbank detuvo la impresión de billetes y, en consecuencia, subieron las tasas de interés, los que habían pedido préstamos para "invertir" enfrentaron un súbito y desgarrador ajuste de cuentas. Así, en 1924 la cantidad de compañías que sucumbieron por falta de fondos se disparó, lo que a su vez produjo un raudal de despidos. ¿De qué había servido que la estabilización monetaria redujera el desabasto de víveres si ahora la población no tenía empleo para adquirirlos?

Fue hasta 1926 cuando la crisis perdió fuerza y las mejoras se manifestaron indudablemente. Los profesionistas eran solicitados una vez más. Las personas se alimentaban bien y lucían saludables. El turismo doméstico se reactivó. La industria fílmica pudo realizar superproducciones como *Fausto* y *Metrópolis*.

Para 1927 las secuelas de la inflación ya casi habían desaparecido. Sin embargo, pese a la abundancia de alimentos y a las comodidades restituidas, las abultadas cicatrices no podían esconderse. El pueblo, incapaz de comprender las causas profundas de la catástrofe que había sufrido, albergaba un invencible temor a que volviera el caos. Lo más grave, con todo, no era eso, sino el pertinaz rencor que carcomía a los ciudadanos: rencor hacia sus gobernantes, que no supieron conducirlos a la victoria en la guerra; rencor hacia los franceses, que les habían quitado el Ruhr; rencor hacia los especuladores, que despilfarraban fortunas en decadentes cabarets. Visto así, a nadie debe asombrar la apoteosis de Adolfo Hitler, que capitalizó el resentimiento y sedujo a los alemanes con vacías promesas de orden, gloria y prosperidad.

b) El caso de Zimbabue

Otros países que han sufrido brotes de hiperinflación aguda (y algunos más de dos veces) son Austria, Hungría, la Unión Soviética, Yugoeslavia, Brasil, México, Chile, Argentina, Bielorrusia y Venezuela. Entre los casos más recientes, uno de los más notorios es el de

Zimbabue, que solía ser una de las naciones más prometedoras del África meridional, y cuya moneda murió en 2009 tras un devastador proceso hiperinflacionario.

El territorio de Zimbabue fue por casi un siglo una colonia británica conocida como Rodesia del Sur. En los años sesenta, Gran Bretaña ofreció otorgarle voluntariamente su independencia si se convertía en una república democrática en la que todas las personas tuviesen los mismos derechos sin importar su color de piel. La minoría blanca que controlaba los recursos naturales del país rechazó el ofrecimiento y optó por declarar la independencia de *motu proprio* en 1965. Este grupo trabajó arduamente para convertir a su patria en una potencia minera y agrícola (en los años setenta llegó a exportar cuantiosos excedentes de alimentos a Sudáfrica, su principal socio comercial, así como a otros países de la región e incluso a Europa). Sin embargo, las tensiones raciales precipitaron al país a una devastadora guerra intestina que se prolongó por más de un decenio.

El conflicto terminó en diciembre de 1979 cuando las partes en pugna depusieron las armas. Rodesia fue rebautizada como Zimbabue y en 1980 tuvo sus primeras elecciones, en las que triunfó un partido encabezado por Robert Mugabe, un político de filiación marxista-leninista (es decir, dictatorial y estatista).

El origen del colapso monetario de Zimbabue es muy similar al que acarreó el de la antigua Roma. Al concluir la guerra civil, el país se encontró con un gran número de veteranos dispuestos a causar problemas si no se les brindaba ayuda, y la forma como Mugabe lidió con el asunto fue con un espléndido programa de pensiones y la promesa de expandir la cobertura de salud, mejorar el sistema educativo y expropiar tierras a granjeros de la minoría blanca para transferirlas a los campesinos pobres.

Las reformas aparentaban ser loables, pero el gobierno carecía de fondos para mantenerlas, así que acudió a la banca internacional ofreciendo los tesoros minerales y agropecuarios del país como garantía. Posteriormente, ya en los noventa, se siguieron las prescripciones del FMI y del Banco Mundial, y se comenzó a producir dinero-crédito sin mesura, con lo que bajaron las tasas de interés y, supuestamente, se "estimuló" la economía. El resultado efectivo, sin embargo, fue que la deuda del país creció por todos los frentes.

Mugabe cocinó la crisis durante más de quince años, y el principio del fin llegó en 1997, cuando se supo que el fondo de pensiones para veteranos de guerra se había consumido. Ya que Mugabe no podía por ninguna razón declarar en quiebra a su gobierno, se comprometió no sólo a mantener, sino a *duplicar* las pensiones. Al ver esto, otros grupos comenzaron a exigir subsidios y prebendas, y Mugabe accedió con tal de apaciguarlos. Súbitamente, la comunidad internacional puso en duda la solvencia de su administración y de la noche a la mañana se le cerraron las llaves del crédito. El 14 de noviembre de 1997 pasaría a la historia como el fatídico Viernes Negro, cuando el dólar de Zimbabue se devaluó 75% en un solo día. Los precios de las importaciones se triplicaron inmediatamente, lo que ocasionó que desaparecieran muchas industrias que dependían de insumos extranjeros.

Al año siguiente, con la despreocupación típica de los regímenes autoritarios, Mugabe quiso distraer la atención del público lanzándose a una aventura militar contra la República Democrática del Congo, mientras trataba de salir del atolladero presupuestal mediante una feroz alza de impuestos, que naturalmente suscitó clamorosas protestas. Aunque la policía reprimió sin piedad a los disidentes, el gobierno retrocedió. A fin de cuentas, ¿para qué complicarse la vida si era tan sencillo imprimir todo el dinero que se necesitara? Así, con el banco central convertido en su títere, el régimen monetizó deuda a toda velocidad.

Si bien ya se había visto un considerable encarecimiento de los bienes de consumo en los años anteriores, en 1999 alcanzó un alarmante 57 por ciento. Los millones de billetes introducidos en la economía activaron un remolino implacable en el que multitud de factores funestos se potenciaban unos a otros, replicando lo que ocurrió en la República de Weimar durante la década de los veinte.

El gobierno necesitaba dólares para satisfacer sus múltiples "necesidades" (desde insumos para empresas públicas, pasando por rifles para el ejército y la policía, hasta artículos de lujo para Mugabe y su corte), y era obligación del banco central conseguírselos con prontitud. Aunque el gobierno obligaba a las compañías exportadoras a intercambiarle la cuarta parte de sus divisas por devaluados dólares de Zimbabue, esto nunca era suficiente, así que el banco central formó un ejército de "corredores" que salía todas las mañanas con maletines atiborrados de billetes a comprar todas las divisas que pudiera en el mercado negro.

En el año 2000 Mugabe decidió consumar su "reforma agraria", lo que significó simplemente que permitiría a los grupos adictos a su dictadura tomar por la fuerza las fincas de los últimos agricultores blancos. Obviamente, los flamantes "granjeros" contaban con poca experiencia, por lo que la comida no tardó en escasear, suministrando un impulso extra a la escalada en los precios.

Es bien sabido que cuando la espiral inflacionaria se vuelve constante y aguda las personas necesitan más liquidez para sus operaciones diarias, por lo que disminuyen los saldos de sus cuentas de cheques. Puesto que las instituciones financieras de Zimbabue casi no tenían fondos, el Banco Central tenía que proporcionarles todos los días toneladas de billetes para satisfacer las necesidades de los ciudadanos, con lo que se nutría la inflación y, en consecuencia, aumentaba los precios aún más.

En una tentativa por contener la espiral inflacionaria, en 2003 se puso un límite a los retiros en cajeros automáticos. Un año más tarde se ofrecieron tasas de interés elevadísimas (5000% anual) para atraer depósitos y reducir el volumen de dinero en circulación. Con estas medidas se frenaron las alzas por algunos meses, hasta que Mugabe tuvo a bien reactivar la emisión de papel. Lo precios se dispararon una vez más, lo que arruinó a los miles de ahorradores que cayeron en la trampa, pues el poder adquisitivo de sus ahorros, incluso sumándoles los intereses, resultó muy inferior al que tenían cuando los depositaron.

Decidido a contener la crisis, Mugabe introdujo múltiples controles que, como vimos en los casos de Roma y Alemania, fueron contraproducentes. Sin embargo, hay que decir que en comparación con el régimen de Weimar, con sus "precios máximos" y su tímida prohibición de acumular oro o divisas, el régimen de Mugabe abrazó el terrorismo descarado. Para empezar, instauró fuerzas especiales para perseguir "acaparadores" y "especuladores", pero que sólo se dedicaron a saquear tiendas y fábricas después de amenazar a los dueños con remitirlos a prisión por no vender sus productos según las "tarifas oficiales". La rapacidad de los inspectores provocó que para el 2006 hubiera cerrado la mayoría de los comercios formales, pues simplemente no se les permitía obtener el mínimo de ganancias necesario para seguir en operaciones.

Para el año 2007 la población de Zimbabue ya vivía en el infierno, y no sólo por la escasez de víveres y productos de primera necesidad, como jabón y papel higiénico, sino porque los servicios públicos colapsaron debido a que la fuga de técnicos dejó las instalaciones de las compañías de luz y agua a merced de personal sin la capacitación imprescindible para darles mantenimiento. Constantemente había cortes en el suministro de agua —¡algunos se prolongaron más de un mes!—, y los apagones eran la norma, lo que indirectamente agudizó el desabasto, pues imposibilitaban refrigerar la comida. Asimismo, las importaciones de material quirúrgico y medicamentos se desplomaron ante la escasez de divisas, lo que degradó espantosamente los servicios de salud y aceleró la muerte de los que sufrían cáncer, VIH y otros padecimientos crónicos.

No se dispone de números precisos, pero se calcula que la cuarta parte de la población huyó a raíz de la crisis, principalmente a Sudáfrica. El grueso de los migrantes eran profesionistas y trabajadores en plenitud, por lo que el país perdió lo más valioso de su fuerza laboral. Los que permanecieron en Zimbabue, en su mayoría pobres y sin estudios, se tornaron más y más dependientes de las remesas que les enviaban sus familiares en el exilio.

El gobierno tuvo que implementar un programa de distribución de cereales importados para combatir la escasez autoinducida. Previsiblemente, la ayuda fue utilizada como un instrumento de control político, pues sólo se dirigía a las regiones que apoyaban a Mugabe. En adición, los altos burócratas y sus compinches sustraían porciones de los envíos para lucrar en el mercado negro. Durante el periodo de mayor escasez, los políticos se reconocían fácilmente porque eran los únicos con obesidad.

La gente sobrevivió gracias a una red de apoyo a base de trueque y producción doméstica. En los patios y jardines se cultivaban legumbres, y en la zona fronteriza se contrabandeaban alimentos y artículos de primera necesidad; los afortunados que tenían pozos distribuían agua para paliar los cortes, mientras que otros, subrepticiamente, convertían en leña los árboles de los espacios públicos.

Una vez que la moneda se degrada al punto de ya no servir como medio de cambio y medida de valor, las personas buscan instintivamente un sustituto. En Zimbabue se recurrió a la comida enlatada, al alcohol e, incluso, al papel higiénico, si bien el medio de cambio alternativo más importante fue sin duda el combustible, que al principio se intercambiaba directamente (era común ver garrafones metálicos por todas partes) y que luego engendró un curioso seudopapel moneda. Resulta que aunque el régimen había prohibido las transacciones con divisas, las empresas que se dedicaban a la importación y distribución de combustible consiguieron un permiso especial para aceptarlas, así que comenzaron a vender cupones por 5, 10 o 20 litros, canjeables en cualquier gasolinera, y que muy pronto fueron recibidos incluso por quienes no tenían automóvil, pues era muy fácil intercambiarlos por otros artículos.[17]

Los jóvenes y los que contaban con una red de familiares y amigos sobrellevaron la crisis mucho mejor. Las mayores víctimas, como en la República de Weimar, fueron los pensionados. Trabajadores que por décadas habían contribuido regularmente a sus planes de jubilación se encontraban con que el poder adquisitivo de sus pensiones se reducía a una velocidad horripilante, al punto de que los agentes de las aseguradoras les telefoneaban para decirles que no valía la pena seguir

---

[17] Sin que a nadie asombre, eventualmente la gasolina sufrió el mismo abuso que el oro en el régimen de reserva fraccionaria, pues las compañías acabaron produciendo más cupones de los que realmente podían respaldar con sus existencias de combustible.

pagándoles una mensualidad y que mejor les entregarían sus ahorros completos de una vez, ahorros que para entonces apenas les alcanzaban para sobrevivir unos días. Así, muchos pensionados se volvieron indigentes u optaron por el suicidio.

Para no variar, la única ganadora fue la satrapía gobernante, con servicios financieros a su disposición para surfear el tsunami de billetes. Si bien a finales del 2004 la banca había dejado de otorgar créditos porque no podía cobrar intereses con la suficiente rapidez para ganarle la carrera a la inflación, en el 2005 el banco central redujo las tasas y obligó a las instituciones a conceder préstamos... aunque sólo a los políticos y a sus contactos. La ola de especulaciones que se viera en la República de Weimar se repitió en Zimbabue, pues el grupo en el poder solicitaba créditos baratos para comprar divisas, acciones y bienes raíces, que debido a la inflación incrementaban su precio de un día para otro, permitiéndole devolver el monto original y embolsarse la diferencia. En una violación descarada de la ley, las propias instituciones crediticias se pusieron a invertir los fondos que les enviaba el banco central, a lo cual las autoridades se hacieron ciegas y sordas porque, ultimadamente, también se beneficiaban del juego.

Para el 2007 la inflación anual fue de 60212 por ciento. Las personas se levantaban todos los días con la obsesión de intercambiar sus billetes por cualquier cosa que mantuviera algo de valor, por lo que había más dinero a la caza de los pocos artículos disponibles, que por lógica se encarecían aún más. Así, para noviembre de 2008 los aumentos alcanzaron el inconcebible porcentaje de 87900 trillones, que se traducía en una duplicación de los precios cada 24 horas.

Entonces no quedó más que declarar difunto al dólar de Zimbabue, y a principios del 2009 el gobierno permitió que se usaran divisas como moneda de curso legal (las más populares fueron el rand sudafricano y el dólar estadounidense). Tal como ocurrió en la República de Weimar, en cuanto el sistema monetario estuvo libre de intervenciones gubernamentales la economía mejoró, se redujo la escasez y se reabrieron las tiendas.[18]

c) El monstruo sigue vivo

Los casos de Alemania y Zimbabue ilustran cómo las inflaciones devastadoras siempre son de origen político. Si bien los precios pueden aumentar por causas naturales (los víveres escasean y se encarecen cuando hay sequías o epidemias), lo cierto es que tenderán a volver a sus niveles anteriores en tanto no se impida la libre acción de los agentes económicos para restaurar el equilibrio. Los escenarios en los que el dinero pierde su valor de manera sostenida son productos de regímenes inmersos en dinámicas de gasto excesivo y que deliberadamente optan por financiarse monetizando su deuda.

Como ya vimos, las crisis inflacionarias se gestan durante periodos prolongados antes de su conclusión catastrófica. El declive de la moneda alemana, por ejemplo, lo detonó la Primera Guerra Mundial, y tuvo que sufrir un decenio de tumbos a la baja antes de tocar fondo. Con respecto a Zimbabue, el origen de su miseria estuvo en un programa de reformas populistas, y requirió más de quince años para llegar el punto de ruptura (la gran devaluación de 1997) y otros diez para que su dólar se

---

[18] Por una extraña coincidencia, el billete de mayor denominación que se produjo fue de 100 trillones de dólares, la misma cifra con la que se tocó fondo en la República de Weimar.

pulverizara. Y cabe añadir que si bien ninguno de los dos regímenes tiene la culpa de haber heredado las secuelas de conflictos previos, sí lo son de las políticas con las que decidieron paliarlas.

Además, hubo factores culturales que determinaron el desarrollo y la duración de sus tribulaciones: en la República de Weimar había ciudadanos independientes y partidos políticos muy organizados; en Zimbabue, un país joven, sin tradición democrática y con una población inculta y oprimida, Mugabe no encontró resistencia para concentrar en su persona y en la de sus corruptos aliados más y más privilegios y poderes discrecionales. La moraleja de estos episodios es que *entre más antidemocrático sea un régimen más probable será que explote a su pueblo con políticas devaluatorias.*

Ya que los resultados de la monetización excesiva de la deuda pública han sido expuestos hasta la saciedad, ¿cómo es que aún hay regímenes que la utilizan y, más aún, ciudadanos que lo soportan? Y es que, sin ir tan lejos, la República Bolivariana de Venezuela reporta en este instante uno de los índices de inflación más elevados del planeta, y todo por repetir exactamente los mismos errores de una legión de gobiernos fracasados.

Mientras Zimbabue tocaba fondo, Venezuela emprendía su propio camino de servidumbre. Con los efímeros ingresos extraordinarios de las exportaciones petroleras, que en el periodo 2000-2005 alcanzaron niveles muy altos, Hugo Chávez implementó costosos "programas sociales" y faraónicos proyectos de infraestructura. No había que ser un adivino para vislumbrar la ineludible conclusión de aquel despilfarro, pues una vez que los precios del petróleo volvieran a sus niveles anteriores los "programas" continuarían allí, devorando recursos, recursos que Chávez tendría que conseguir como fuera si es que deseaba mantenerse en el poder.

Emulando a Mugabe, que usó la producción minera y agropecuaria de su país como colateral, Chávez solicitó créditos, particularmente a China, empeñando el petróleo de Venezuela. Y como eso no bastara, en julio de 2005 promovió una ley para que parte de las reservas del banco central se canalizaran al "nuevo modelo de desarrollo de la Revolución bolivariana". Fue un incontestable anuncio de lo que vendría, pues la historia nos ha enseñado que si un gobernante controla los mecanismos para imprimir billetes es sólo cuestión de tiempo para que abuse de sus facultades.

No es difícil encontrar en Youtube dolorosos videos en los que Hugo Chávez, con los bolsillos atiborrados de petrodólares, recorre su país diciendo fanfarronamente *¡exprópiese!* Muchos le aplaudían, sin advertir que contemplaban la siembra de la penuria. Justo como Mugabe cuando expropió las fincas de los granjeros blancos, Chávez aseguró la futura escasez al transferir el aparato productivo a legiones de burócratas incompetentes y cuya única motivación era robar todo lo que pudieran.

Así, la historia se reprodujo. Cuando el crédito internacional empezó a secarse, el régimen chavista se lanzó a imprimir bolívares, cocinando a fuego lento una mortífera crisis. En los quince años que Chávez ocupó la presidencia de su país (1999-2013), las alzas de los precios promediaron un considerable 23.5 por ciento anual. Ya con Nicolás Maduro en el poder, la tendencia se aceleró, hasta que por fin, en noviembre de 2017, se tuvo la primera alza mensual de 56.7 por ciento, con lo que el país cayó oficialmente en un estado de hiperinflación. La tendencia se ha mantenido y, como apuntan casos anteriores, aún tiene mucho margen para empeorar (el FMI estima que Venezuela terminará el

2019 con una inflación anualizada de 10 millones por cierto, cifra todavía muy por debajo de los trillones con los que Zimbabue tocó fondo).

Nicolás Maduro no ha vacilado en instituir las clásicas medidas de las dictaduras insolventes: tarjetas de racionamiento, controles de precios, límites a los retiros en efectivo, apropiación de buena parte de las divisas que entran por exportaciones y que sólo se revenden a los compadres del gobierno.

Y pese al desprestigio y la espantosa crisis humanitaria, Maduro sigue allí, culpando al "imperialismo yanqui", al "bloqueo", al "neoliberalismo", al presidente de Colombia, a los "especuladores" y a los "acaparadores", a todos menos al verdadero culpable, es decir, a Hugo Chávez y su criminal "Socialismo del siglo XXI".

TERCERA PARTE

Cómo podemos protegernos

Previo a escribir la última parte de esta obra consideré obligatorio hacer un ejercicio de honestidad y ponerme en la posición de un venezolano en los comienzos del chavismo. ¿Hubiera pronosticado lo que se avecinaba? Si tuviese que responder con un *sí* o un *no* categórico, mi respuesta sería negativa. En lo que a la evolución de las sociedades se refiere, es imposible predecir nada con exactitud, sin importar qué tan informado se esté o qué tan bien se conozca la teoría.

Con todo, sí es posible vislumbrar hacia dónde se encaminan las cosas, y desde el principio del gobierno de Chávez ya se presentía la tragedia. Su amistad con los Castro, la creación de programas clientelares, los discursos kilométricos en cadena nacional, le negativa en el 2007 de mantener la concesión a RCTV, los cambios a la constitución, todo permitía predecir que el "Socialismo del siglo XXI" acabaría muy, pero muy mal.

A miles de kilómetros de distancia, mientras muchos de mis despistados compatriotas bromeaban con las primeras noticias sobre la escasez de condones y papel de baño, yo decía abiertamente que sólo era el comienzo y que la resaca del chavismo sería terrible. Muchos "socialistas de café" me insultaron en las redes sociales por atreverme a criticar la Gloriosa Revolución Bolivariana. Pero el tiempo me ha dado la razón.

En lo que sí me equivoqué, y de forma garrafal, fue en creer que aquello colapsaría una vez que Chávez muriera. Cuando trascendió que Nicolás Maduro hablaba con los pájaros, pensé que sólo era cuestión de meses para que lo depusieran. Creí que tras el "Socialismo del Siglo XXI" la población daría, por pura eliminación, un bandazo hacia el liberalismo. Pero a seis años del fallecimiento de Chávez, increíblemente, Venezuela aún no toca fondo. Nunca imaginé que su miseria se prolongaría así, y es que, como el común de las personas, me refugié en el optimismo infundado. La esperanza, como sugiere el mito de Pandora, apenas se distingue de una maldición.

Al escudriñar el futuro, sin embargo, es importante mantener a raya el pesimismo. Venezuela nos confirma que no podemos excluir la posibilidad de que vivamos una catástrofe inflacionaria, si bien hay que poner en perspectiva dicho escenario, pues no puede negarse que en las últimas décadas el número de brotes de hiperinflación ha ido a la baja (si bien, tristemente, se han concentrado en la región de América Latina). Si no entrevemos el futuro con ecuanimidad nos arriesgamos a caer en la paranoia de los *preppers*, que están convencidos de que se aproxima el fin del mundo y construyen búnkeres y almacenan alimentos y armas. Si un temor te domina de esa forma es que has perdido la razón.

Sin embargo, apenas resulta menos preocupante que tantos desdeñen las medidas de protección más básicas para salir bien librados de un desastre financiero. La OCDE, en un estudio del 2019 sobre el estado general de la "clase media", señala que en promedio una de cada tres personas es económicamente vulnerable, es decir, que no dispone de un fondo de liquidez mínimo para subsistir durante tres meses sobre la línea de pobreza.[19] Esa inclinación a vivir "de pago en pago" delata un desequilibrio tan preocupante, si bien menos perturbador, que el de los *preppers*.

El primer paso para protegernos es comprender las causas y la evolución típica de las crisis económicas. Como ya vimos, las catástrofes inflacionarias se incuban durante periodos prolongados, en un proceso cuya lentitud y complejidad casi nos condenan a mirar adormecidos cómo se prepara nuestro fin. Sin embargo, las leyes económicas nos indican que ante determinadas acciones del gobierno habrá consecuencias concretas, aunque no podamos predecir exactamente cuándo y con qué magnitud se presentarán. El estudio de la historia nos ayuda reconocer los primeros indicios y a implementar estrategias defensivas oportunamente.

---

[19] OECD (2019), *Under Pressure: The Squeezed Middle Class*, OECD Publishing, Paris. https://doi.org/10.1787/689afed1-en

I. Los depósitos de valor

S i bien la mala influencia del marxismo ha alimentado el desdén por los valores burgueses tradicionales, lo cierto es que el trabajo duro y el ahorro aún son la vía más segura hacia la riqueza. Los que se la pasan soñando con ganarse la lotería son débiles de espíritu, y los que se enriquecen "trabajando" para el gobierno son buenos para nada y/o psicópatas.

Si bien la palabra *ahorro* alude coloquialmente a la idea de no gastar dinero, estrictamente se aplica a cualquier cosa con valor. Si adquieres 10 kilos de azúcar, los empaquetas cuidadosamente y reduces tu consumo, estás *ahorrando*, con lo que, aunque no resulte inmediatamente perceptible, amplías tu riqueza: como ya no gastas lo mismo que antes en endulzar tu café, dispones de más recursos para canalizarlos a otros fines. El secreto de la riqueza es muy sencillo: *consume menos de lo que produces e invierte la diferencia.*

Como ya se mencionó, a las civilizaciones antiguas les gustaba el dinero de metal porque lo podían esconder por largos periodos sin que se destruyera o sin que su valor cambiara significativamente. Los grupos de poder han ocasionado con sus monedas *fíat* que el "dinero" ya no sea un vehículo conveniente para el ahorro. Si bien es factible acumular dinero *fíat* para planes a corto plazo, hacerlo para el futuro distante es una locura: si alguien atesora monedas o billetes para cuando se jubile, su única certeza es que para entonces su poder adquisitivo será una fracción del que tenían originalmente.

Insisto: la clave de la riqueza siempre ha estado y estará en el ahorro, si bien las políticas inflacionarias y facinerosas de los regímenes actuales nos obligan a rehuir en la medida de lo posible los medios de cambio oficiales y a refugiarnos en depósitos de valor alternativos.

a) Papel moneda al mínimo

Antes de abordar propiamente los depósitos de valor alternativos, tenemos que dedicar algunas palabras al mal necesario del dinero *fíat*.

Muchos se consideran ricos porque poseen propiedades como casas, joyas, automóviles o trajes Armani. Aunque constituyen, ciertamente, artículos valiosos, es casi imposible utilizarlos directamente para comprar nada (y ya no hablemos de dividirlos para satisfacer necesidades específicas). Por ello es que sin importar en cuánto estén valuadas nuestras posesiones siempre vamos a requerir un *fondo de liquidez*, o sea, dinero o bienes fácilmente convertibles en dinero. Por desgracia, mientras el mundo esté oprimido por la coerción del Estado, el dinero *fíat* se mantendrá como la fuente de liquidez número uno, y sería un desatino renegar de él aunque no constituya un medio de ahorro a largo plazo.

En adición a la inevitable necesidad de liquidez cotidiana, todo adulto con un mínimo de previsión necesita lo que tradicionalmente se ha llamado un *fondo de emergencia*, es decir, dinero inmediatamente disponible para atender imprevistos inaplazables (la descompostura del refrigerador o el automóvil, emergencias médicas o, simplemente, recursos para subsistir tras un despido).

Aunque lo más común es que se componga de dinero, el fondo de emergencia puede incluir cualquier cosa susceptible de volverse líquida con rapidez. Todos conocemos a alguien de la "vieja guardia" que oculta en su clóset joyas o platería porque sabe que se las recibirán en cualquier casa de empeño. Personas financieramente más sofisticadas acostumbran adquirir títulos de deuda gubernamental o corporativa, cuyo valor no fluctúa mucho y que pueden convertirse en dinero sin mayor dificultad.

Todo especialista en finanzas personales tiene su propia opinión en cuanto al volumen ideal de un fondo de emergencia, aunque el promedio oscila entre 3 y 6 meses de salario. Ahora bien, aunque la táctica del fondo no me parece despreciable, estoy convencido de que cualquier adulto cuerdo debe apuntar más alto y esforzarse todos los días por acumular más y más riqueza, tanta que, eventualmente, la noción misma de un fondo de emergencia resulte irrelevante. Hay muchos idealistas que abogan por la libertad del minimalismo y la eliminación de gastos superfluos, y aunque estos valores no resultan nocivos en sí, tampoco hay que abrazarlos al punto de ver la riqueza como una carga, pues perseguirla constituye un empeño no sólo legítimo, sino incluso loable (los ahorradores multiplicamos al capital disponible para esfuerzos productivos, con lo que se abaratan los bienes de consumo y nos beneficiamos todos).

Aunque por ahora nos obliguen a utilizar el dinero *fiat*, no es que debamos restringirnos a él. La táctica número uno para sobrevivir a la rapacería del gobierno es *diversificar inteligentemente nuestra riqueza en distintos depósitos de valor*.

b) Bienes raíces

La ofensiva de los grupos de poder contra el dinero de verdad —es decir, contra el oro y la plata— ha ocasionado que en algunas naciones los inmuebles se conviertan en el depósito de valor más socorrido. Más aún, en países en vías de desarrollo y permeados por una desconfianza permanente hacia el gobierno, las personas canalizan la mayor parte de sus ahorros a la compra de una vivienda. El pueblo chino, uno de los más ahorrativos del mundo, destina alrededor del 75% de sus ahorros a la compra de bienes raíces (y lo más común es que los chinos hagan un pago inicial equivalente al 40% o más del valor de la vivienda, una suma elevadísima para los estándares occidentales).[20]

No se puede negar que una vivienda constituye, de acuerdo con la sabiduría tradicional, una "riqueza tangible" nada desdeñable. Sin embargo, invertir la mayoría de nuestros ahorros en una casa es una estrategia poco prudente. Primero, hay que disipar un malentendido bastante común: *una casa no es una inversión*. Las inversiones generan ingresos, mientras que un bien raíz, por el contrario, es un bien de consumo con una vida útil limitada (la de una estructura de concreto es aproximadamente de un siglo) y que requiere de una inyección continua

---

[20] Véase para mayor información el artículo "China property: how the world's biggest housing market emerged".

de recursos para preservarse (cada cierto tiempo hay que reemplazar chapas, cristales, pisos, etcétera). Incluso las construcciones que sí podrían considerarse una inversión (bodegas, hoteles, departamentos para rentar, etcétera) exigen mantenimiento y vigilancia, y no constituyen un tipo de inversión necesariamente más rentable que otros.

El valor de un bien raíz, como el de todo bien de consumo, sufre ineludibles fluctuaciones. En los centros urbanos una vivienda suele apreciarse por encima de la inflación debido a que el común de los gobiernos impone profusas trabas para construir más conjuntos inmobiliarios o para remodelar, ampliar o incluso transferir el inventario de vivienda existente, de modo que la escasez artificial motiva precios innecesariamente altos. Así, el valor de una vivienda puede subir mucho si se ubica en un área céntrica, boyante y bien conectada, pero también puede depreciarse si aumenta el crimen en los alrededores o si sufre daños por algún fenómeno natural (sismo, huracán, incendio, etcétera).

Aunque parecería que mi concepto de los bienes raíces es muy negativo, en modo alguno los estoy rechazando. Una casa constituye un bien muy apetecible si su precio no supera cinco años de tus ingresos totales y si la puedes pagar al contado o con un crédito que no sea muy oneroso (quienes contratan hipotecas a 30 años y no reducen el principal haciendo abonos superiores al mínimo terminan pagando el triple o más del valor de la vivienda).

Por otra parte, las casas son bienes muy ilíquidos, ya que es difícil venderlas con rapidez incluso si se malbaratan (y si bien constituyen buenas garantías para conseguir préstamos, los trámites nunca son expeditos). Adicionalmente, muchos olvidan la obviedad de que no son depósitos de valor transportables. ¿Quién no conoce historias de refugiados que lo perdieron todo porque su principal activo era una casita?

Para alguien inmerso en una catástrofe inflacionaria, un bien raíz será una bendición si puede utilizarlo como un bien productivo (tierra cultivable, almacén de bienes para autoconsumo o intercambio, etcétera). Si sólo le sirve como vivienda es muy fácil que lo hunda como un lastre, pues las personas se sienten encadenadas a eso en lo que han "invertido todo" y no se animan a huir aunque la situación empeore.

La clase media y el "problema" de la vivienda

Mucho se ha hablado de que la clase media está en vías de extinción, y no sólo porque se ha socavado su poder adquisitivo con políticas inflacionarias, sino porque es un hecho comprobado (existen abundantes tesis e investigaciones al respecto) que el rubro en el que más gastan las familias a nivel mundial es el de la vivienda.

Miles de voces indignadas exigen que el gobierno "haga algo", sin advertir que lo que deberían demandar es precisamente lo opuesto, o sea, que la clase política deje de poner trabas a la construcción y remodelación de viviendas en donde más se requieren, que se supriman las restricciones para el trabajo a distancia —con lo que disminuiría la presión sobre las zonas más céntricas— y que los aparatos de justicia contribuyan a hacer más rápidas y menos onerosas la compraventa de inmuebles y la solución de conflictos entre arrendadores y arrendatarios.

Por ahí va la ruta para resolver el "problema" de la vivienda. Lo demás es veneno disfrazado de medicina.

---

c) Acciones y bienes de capital

A diferencia de lo que ocurre en China, México, Perú y otros países en desarrollo, en las naciones capitalistas de la primera ola (Gran Bretaña, Estados Unidos, Japón, entre las más ilustres), la actitud de las personas en cuanto a la acumulación de riqueza es más juiciosa, por lo que distribuyen sus ahorros con equidad entre bienes raíces e instrumentos de renta variable. Asimismo, en cuanto perciben que se acentúa la espiral inflacionaria muchos corren a refugiarse en almacenes de valor que no se devalúen con facilidad, como por ejemplo acciones de empresas sólidas, de preferencia en países mejor posicionados. Lo maravilloso de las instituciones financieras presentes es que permiten a cualquier individuo transformarse en un accionista, es decir, en un poseedor de bienes de capital (ya lo son, de hecho, los que ahorran para su retiro a través de productos como las afores mexicanas, las AFPs chilenas o las cuentas 401(k) estadounidenses).

La adquisición de acciones se efectúa a través de casas de bolsa. Todas piden un monto mínimo para abrir una cuenta, pero en contraste con lo que ocurría en el pasado, hay muchas que admiten patrimonios pequeños, sólo es cuestión de buscarlas y revisar sus requisitos y comisiones para elegir la más conveniente. Por otra parte, dichas instituciones son más seguras que los bancos porque no resguardan dinero, sino que custodian títulos de propiedad, que no pueden ser "jineteados" como ocurre con el dinero en las instituciones crediticias tradicionales.

El cine ha contribuido mucho a la errónea percepción de que el mercado bursátil es como un casino en donde los "jugadores" compran y venden sin parar, en pos de ganancias exorbitantes. Si bien hay muchos que operan así, éstos no son inversionistas, sino *especuladores*, y suelen tener poco éxito, igual que los tahúres profesionales, que viven de racha en racha sin hacer una fortuna sólida. Un inversionista, por el contrario, adquiere acciones porque representan la posesión de una parte de una compañía, es decir, de algo valioso y productivo, que tiende a apreciarse y paga dividendos.

En las naciones con un capitalismo robusto, un portafolio bien diversificado puede producir un rendimiento anual entre el 8 y el 12 por ciento. Si bien el valor de las acciones fluctúa invariablemente —no por nada se les denomina "instrumentos de renta variable"— y un año pueden tener una apreciación altísima y al siguiente una más modesta o incluso depreciarse, a largo plazo sus réditos tienden a ser positivos, y tan es así que una regla tradicional de las finanzas personales establece que una persona se independiza en términos financieros cuando puede cubrir sus gastos anuales con una cantidad igual o menor al 4% del valor de sus inversiones. Si al año gastas 30 000 dólares, por ejemplo, tu portafolio debe valer 750 000 (para calcular lo que necesitas, multiplica tus gastos anuales por 25).

La regla del 4% ha demostrado una elevada confiabilidad, y populares blogueros como Mr. Money Mustache y Jacob Lund Fisker (creador del sitio earlyretirementextreme.com) sostienen que a una persona que invirtiera el 75% de sus ingresos en una selección de bonos y acciones de buena calidad le bastarían sólo *siete años* para retirarse. Sobra decir que se requieren ingresos por encima de la media —¡y facultades de planificación y autocontrol casi sobrehumanas!— para conseguir ese nivel de ahorro, pero no significa que debamos rendirnos y esperar que otros nos mantengan, confiados en las ilusiones de los injustos e inciertos programas de retiro estatales. Si empiezas a trabajar a los veinte años y destinas el 25% de tus ingresos a adquirir activos que se aprecien por encima de la inflación, en tres décadas alcanzarás la masa crítica para retirarte (magnífico en comparación con los sesenta y seis años que requerirías si sólo ahorraras el 5%).

Como ya dije, explicar en detalle la operación de la bolsa de valores y de los instrumentos disponibles para un inversionista es algo que rebasa el alcance de este libro. Te corresponde hacer la tarea, estimado lector.

d) Metales preciosos

Con respecto a los metales preciosos existe una confusión similar a la que rodea a los bienes raíces: el común de las personas habla de "invertir" en oro o en plata, cuando dichos metales no producen ningún rendimiento y, consecuentemente, no son inversiones. Las personas malinterpretan lo que ocurre porque desconocen los efectos de la manipulación monetaria y se figuran que el valor de los metales preciosos tiende a crecer cuando en realidad es el valor la moneda *fíat* el que disminuye constantemente.

El oro y la plata, es decir, el dinero natural por excelencia, han sido, son y serán buenos depósitos de valor gracias a su durabilidad y a sus virtudes ornamentales e industriales. Al contrario de los bienes raíces, las monedas y las joyas no son bienes de consumo en sentido estricto, por lo que no exigen perpetuas reparaciones para preservarse.

Recuerdo la discusión que tuvimos en un foro libertario el día que a alguien se le ocurrió recomendar "invertir en oro". Tras corregirle la plana en cuanto a que el oro no constituye una inversión, discutimos sobre la conveniencia de poseer metales preciosos. Algunos inversionistas sofisticados dijeron abiertamente que eran un desperdicio, y que quienes los tenían y los usaban para salir del paso en una emergencia eran siempre los más pobres. Aunque les concedí que tener un exceso de oro y plata es imprudente, mi postura era más flexible. Regresamos a lo mismo: la clave para protegernos es la diversificación racional, así que el oro y la plata pueden constituir elementos válidos y respetables de cualquier patrimonio, siempre y cuando se les atesore con moderación. A fin de cuentas, la gente acostumbra gastar más dinero en peores cosas (¡algunos despistados consideran que un automóvil es una inversión!), así que no veo nada de malo en atesorar algunas monedas (una onza de plata constituye un regalo muy superior a las baratijas que comúnmente se obsequian en los cumpleaños, y hasta ahora no he conocido a nadie que no se emocione al recibir una).

Como ya comentamos, el mejor camino para preservar e incrementar nuestro patrimonio es la acumulación diversificada. Sin embargo, si por algún motivo nos arrollase una tormenta económica o militar, o si el gobierno hiciera de las suyas con políticas inflacionarias o con trabas a las operaciones financieras, créanme que agradecerán tener a la mano el valor tangible y líquido de un montón de venerables monedas de oro y plata.

e) Objetos coleccionables

Resulta imprescindible dedicar unas palabras a la alternativa de los artículos coleccionables. Si bien no niego que existen cómics, discos, platos de porcelana, pinturas, etcétera, que mantienen e incluso multiplican su valor con el paso del tiempo debido a su escasez y/o a sus virtudes estéticas, la verdad es que constituye un absurdo transferir una porción excesiva de nuestros ingresos a tales artículos. Si en cuanto al oro y la plata, que son bienes más comunes y mercadeables, recomiendo una actitud prudente, ¡imagínense lo que opino de los coleccionables! No lo duden: en una crisis económica resultará infinitamente más fácil encontrar un comprador para una moneda de oro que para un Millenium Falcon de juguete.

II. Señales de alarma

El siguiente paso después de repasar nuestras herramientas consiste en discernir los avisos para utilizarlas a tiempo. No existen fórmulas únicas y universales, por lo que es vital que nos familiaricemos *grosso modo* con las características de los tres escenarios económico-políticos más comunes en la actualidad. Sólo así nos protegeremos antes de que sea demasiado tarde.

a) Luz verde: democracia, liberalismo, inflación baja

Mientras la clase política monopolice y regule la producción de "dinero", el peligro de que el sistema monetario de tu país se descarrile permanecerá latente. Con todo, es innegable también que no todos los gobiernos conllevan igual peligro, y a la hora de evaluarlos existen indicadores muy confiables para predecir su evolución.

Los países más prósperos y seguros son aquellos con una atmósfera lo más acorde con el liberalismo clásico, es decir, donde impera el respeto a la propiedad privada y no se obstaculizan las actividades empresariales. Si bien todos los regímenes interfieren de alguna forma con la economía tan sólo por cobrar impuestos y proveer "servicios públicos" (corporaciones policiacas, túneles y puentes, instituciones educativas, etcétera), un país donde resulta fácil fundar un negocio, donde la iniciativa privada es libre para proveer energía y explotar los recursos naturales, donde las personas pueden criticar al gobierno sin temor a represalias, es un magnífico lugar para vivir y florecer.

Adicionalmente, si en tu país existe un banco central con una mesa directiva que no puede ser configurada y reconfigurada al contentillo del grupo gobernante, si los precios no aumentan más de 2% al año y si la magnitud de la deuda pública no rebasa el 50% del PIB, entonces no te preocupes mucho: puedes recurrir a la moneda *fiat* para ahorrar y para emprender proyectos a mediano y largo plazo.[21] Con todo, lo más recomendable es que conserves lo más posible de tu riqueza en depósitos de valor alternativos (un bien raíz y acciones de compañías sólidas), y que conserves un fondo de liquidez moderado para tus operaciones habituales y para emergencias.

El mayor peligro para los pobladores de las repúblicas liberales no es de naturaleza política, sino personal, en otras palabras, *que ahorran muy poco y consumen sin moderación*. En los Estados Unidos, cuyos pobladores era muy ahorrativos por tradición, recientemente se ha notado una aguda alza en el volumen de la deuda personal por consumo, así como el predominio de la condescendiente recomendación de ahorrar "el

---

[21] En lo que al porcentaje de deuda se refiere, he ofrecido una cifra que me parece razonable, pero que a fin de cuenta es arbitraria: países como Estados Unidos o Japón, con gobiernos montados en colosales economías, pueden darse el lujo de mantener niveles de deuda de 137 y 237% del PIB, respectivamente. En el centro de información de la OCDE se pueden consultar reveladoras estadísticas al respecto (las de los países europeos permiten detectar a simple vista a los que han coqueteado con el socialismo y el "Estado de bienestar").

10% de todo lo que ganes", algo que muchos consideran no sólo suficiente sino incluso "agresivo", pero que sólo induce una peligrosa complacencia. Hay que decirlo abiertamente: es nuestra obligación ahorrar el 15, el 20, el 25 por ciento, es decir, *todo lo que podamos*.

Muchos sienten una amarga desilusión ante mecanismos como las afores mexicanas o las AFPs chilenas, que ofrecen pensiones que no alcanzan el 50% del último salario del trabajador. Lo que no ven es que, estrictamente, esos esquemas supuestamente "privados" están corrompidos por la intervención del gobierno. En el caso de México, necesitas ser un perfecto ignorante para creer que con una aportación mensual de tan sólo al 6.5% de tu salario puedes conseguir una pensión digna (amén de que, por cuestiones de "seguridad", conforme el trabajador envejece la administradora canaliza más y más de sus fondos a títulos de deuda gubernamental, cuyos rendimientos a la larga son inferiores a los de otros activos). En el caso de Chile, aunque se establecieron contribuciones más altas (el 10%), se ignoró la realidad de que en el libre mercado nada es definitivo y que todos padecemos vaivenes salariales o periodos de inactividad (una mujer que decide tener hijos puede pasar dos o más años desempleada, por ejemplo), lo que repercute sobre la magnitud de las pensiones.

Olvídate del dinero que acumules mediante los esquemas públicos o "privados". Si al llegar a la vejez te ofrecen una pensión, ¡enhorabuena! Pero en lo que ocurre —¡y si es que ocurre!— economiza incansablemente y recoge los frutos de la independencia económica cuanto antes. Aun si habitas en un país relativamente libre, es una locura confiar al gobierno tu jubilación… o tu salud, tu educación o tu seguridad, es decir, *cualquier asunto de importancia*.

b) Luz amarilla: populismo, asistencialismo e inflación moderada

Sobran ejemplos de repúblicas funcionales que degeneraron tan lentamente que sus pobladores, como la proverbial rana en la olla, no advirtieron lo que ocurría hasta que fue demasiado tarde. Por ello hay que llevar un estilo de vida que facilite proceder con prontitud en cuanto empiecen los problemas.

No es difícil detectar un régimen que coquetea con la ruina. Los signos principales son:

1) *Déficit excesivo.* Si el gasto gubernamental rebasa por mucho la recaudación de impuestos y la tendencia continúa sin importar que el régimen en turno sea "progresista" o "conservador", entonces hay que preocuparse.

2) *Abundancia de "apoyos" que benefician a los improductivos a expensas de los productivos.* Si el gobierno ofrece "cupones de comida", "becas de capacitación", "seguros de desempleo", combustible y electricidad "a precios populares", etcétera, no dudes que algún día la presión sobre las finanzas públicas engendrará escenarios peligrosos (sin omitir que los subsidios tienen efectos perjudiciales sobre la moral de la ciudadanía, pues los beneficiarios se tornan dependientes y pusilánimes, mientras que los trabajadores se desmoralizan y se tornan cínicos en cuanto a sus posibilidades de progresar).

3) *Sistemas de jubilación estatales.* Si las pensiones no se pagan con el ahorro individual de cada quién, sino con las "aportaciones solidarias" de las nuevas generaciones, no dudes

que tarde o temprano al gobierno recurrirá a la monetización de su deuda, es decir, transferirá el costo a los ciudadanos mediante la devaluación del dinero.

4) *Cobertura universal de salud.* Los "servicios públicos" tienden a ser costosos e ineficaces porque ni sus administradores ni sus empleados obedecen a los mismos estímulos y normas que los de la iniciativa privada. Si el régimen en turno se empeña en ofrecer servicios médicos a todos sin distinción, los contribuyentes acabarán pagando más en impuestos y en lesiones por negligencia y mala praxis.

5) *Becas para "creadores" e "investigadores".* Es indiscutible que muchas grandes obras artísticas de la humanidad han existido gracias a patrocinadores (a los que también se llama *mecenas* en alusión al magnate latino que becaba artistas con sus propios recursos). Sin embargo, si el gobierno de tu nación invierte de manera regular en películas, exposiciones, conciertos u obras de teatro a los que muy pocos asisten, o si paga a investigadores para que esclarezcan asuntos tan importantes como el empleo del subjuntivo en la poesía pastoril decimonónica o los paradigmas heroicos en *Dragon Ball*, entonces no sólo las artes y las ciencias en tu país son irrelevantes, sino que tu futuro económico está en peligro.

Debemos admitir que aunque los signos de alarma que comentamos apuntan a la inviabilidad, también es cierto que existen factores capaces de diferir el colapso lo suficiente como para que varias generaciones disfruten vidas prósperas y felices. Casos como el de Suecia lo ilustran muy bien. Muchos ignorantes se empecinan en decir que el "socialismo" es posible porque en ese país las personas disponen de "atención médica gratuita y de calidad", porque ocurren pocos crímenes y porque su instrucción pública es de las mejores del mundo. Pero lo que invariablemente omiten es que la libertad económica que disfrutaron los suecos entre 1870 y 1940 les permitió reunir las enormes reservas de capital con las que aún mantienen su envidiable nivel de vida; asimismo, ignoran que a comienzos de los setenta, con la llegada del paternalismo estatal, se contrajo el volumen de empleos y se depreció la moneda. Si no ha desaparecido el oneroso "Estado de bienestar sueco" es porque allí no se obstaculiza el flujo de capitales o la fundación de empresas, lo que ha compensado de algún modo la desmedida carga fiscal que soporta su población (¡en el no tan lejano 2003 a la gente se le demandaba el 63% de sus ingresos!).[22] La moraleja es que en tanto la clase política no atente contra la propiedad privada ni obstaculice las actividades empresariales y financieras, puedes permitirte planear a futuro casi como en un país con semáforo verde.

El problema ocurre cuando el vampiro gubernamental no dispone de una economía diversificada y sólida de la cual extraer sangre para sus despilfarros. Si tu país no tiene una economía capitalista desarrollada y su crecimiento se sustenta en la agricultura y en la extracción de materias primas, hay que tener cuidado, pues la demanda de dichos bienes es muy volátil. Si el grupo en el poder instituye "programas sociales" sólo porque la coyuntura lo permite, no dudes que tu país va a tronar más temprano que tarde.[23]

---

[22] Para más detalles sobre el caso de Suecia, véase el estudio *The Swedish Model Reassessed* (2011), del economista Nima Sanandaji.

[23] Venezuela, con las reservas de petróleo más grandes del mundo, es el país que más ha acaparado la atención en ese aspecto, pero el que ocupa el segundo lugar constituye un caso tal vez más interesante: Arabia Saudita. La mayoría de la gente lo ignora, pero esa nación árabe lleva un siglo gobernada por una monarquía corrupta y voraz, pero que ha

Para los pobladores de un país con luz amarilla —es decir, uno con "Estado de bienestar", sin instituciones republicanas ni economía sólida— las estrategias de protección imprescindibles son las siguientes:

1) Intensificar el traspaso de riqueza hacia depósitos alternativos de valor, particularmente bienes raíces y acciones de empresas internacionales, de preferencia radicadas en países con altos índices de libertad económica.

2) Tener un fondo de emergencia en divisas menos vulnerables que la moneda de tu país.

3) Ahorrar para tu retiro en alguna institución privada. Si te confías en que el gobierno te brindará una pensión decorosa o, peor aún, si piensas que no se apropiaría de tus ahorros en caso de necesidad (como ocurrió, por decir dos ejemplos, en Argentina en 2008 y en Polonia en 2013), te puedes llevar una desagradable sorpresa.

4) Si la medicina está "socializada", entonces protege tu salud activamente ejercitándote y comiendo bien, y si te es posible contrata un seguro de gastos médicos mayores. Llegará el día en que los hospitales "gratuitos" sean la antesala de la muerte.

5) Por último, y aunque propiamente no sea una medida de protección, vota por el candidato o el partido que impulse la

---

sido tolerada por sus súbditos porque con sus descomunales ingresos petroleros ha mantenido un "Estado de bienestar" con prestaciones que a los occidentales nos parecen fabulosas. Como es lógico, aquello no puede durar eternamente, y las primeras señales del declive vinieron en el 2018 con la implementación de una reforma fiscal que incluía IVA del 5% e impuestos al tabaco y las bebidas carbonatadas, todo con el fin de disminuir la presión sobre las finanzas públicas (como era previsible, el gobierno tuvo que entrar inmediatamente a la Danza de los Subsidios para aminorar el descontento de la población). ¿Qué va a ocurrir cuando las energías renovables desplacen al petróleo y los ingresos de Arabia Saudita se desplomen? Los estallidos sociales y el cambio están a la vuelta de la esquina.

agenda más liberal (si todos te parecen más o menos lo mismo, entonces no te molestes en votar).

En suma, si notas que proliferan los programas asistencialistas, las expropiaciones y el acoso a los empresarios, tienes que prepararte, pues cuando un gobierno se introduce en las arenas movedizas del socialismo ya no hay retorno. Roma colapsó en doscientos años, Zimbabue en poco más de dos décadas, pero el resultado fue el mismo.

c) Luz roja: socialismo

Si vemos desde una perspectiva más amplia lo que le ocurrió a los alemanes en la primera mitad del siglo XX, notamos que, en la práctica, padecieron una crisis continua de cuarenta años. El porqué, en mi opinión, se resume en que no aprendieron nada del socialismo *light* de la República de Weimar y se dejaron seducir inmediatamente por la versión *hard-core* del fascismo.

El común de las personas saben muy poco de la economía del Tercer Reich y tiende a idealizarla: a fin de cuentas, algo tuvieron que hacer bien los nazis para que en sólo diez años pudiesen invadir Francia y arrinconar a Inglaterra y a Rusia, ¿no? ¡Pues no! El "éxito" de los nazis tiene una explicación muy simple: cuando Hitler se hizo con el poder dispuso que el gobierno fuese el "conductor de la economía" según ciertas "prioridades nacionales", y la principal, ya lo adivinaron, fue reconstruir la maquinaria bélica del país. Todas las cadenas de suministros se estructuraron según las directrices del gobierno, que asignó inspectores a todas las fábricas para supervisar que se cumplieran las cuotas de producción y, si se necesitaban insumos del extranjero, decidir si se justificaba que el banco central les vendiera divisas. Aunque en la superficie el aparato productivo continuaba en poder de la iniciativa privada, para efectos prácticos se convirtió en propiedad del régimen. Hitler tuvo a bien destruir las instituciones republicanas, crear despiadados cuerpos de espionaje y represión, y emprender acciones permanentes de propaganda y proselitismo, por lo que los alemanes se dejaron conducir dócilmente hacia el despeñadero.

Ya perdí la cuenta de las personas que se han reído o que incluso me han insultado al oírme decir que *no hay diferencia de fondo entre el fascismo y el socialismo*. Pero es la pura verdad. Ambos son sistemas en los que la clase gobernante se arroga la dirección de la economía y decide qué se ha de producir, en qué cantidades y por quién (¡en casos extremos determina si las personas pueden o no reproducirse!). La única diferencia en el discurso es que el socialismo se escuda en un contradictorio anhelo de "justicia" e "igualdad", mientras que el fascismo antepone a los derechos individuales un mítico "interés nacional". Pero en el fondo es la misma aplanadora tripulada por un hatajo de criminales y resentidos.

Es verdad que la versión más extrema del socialismo ya sólo existe en infiernos aislados, como Cuba y Corea del Norte, con estructuras calcadas directamente de las de la Unión Soviética, cuyo espíritu continúa aleteando sobre muchos países de lo que solía llamarse el Tercer Mundo. Por ejemplo, un examen superficial de la historia de África durante la segunda mitad del siglo XX nos revela que la mayoría de sus países, con la excepción de Sudáfrica, se han visto en un momento u otro dominados por regímenes declaradamente socialistas; a la luz de eso, no es de extrañar que el continente africano sea la región más violenta, miserable y atrasada del mundo.

Como Venezuela ha demostrado, no es imposible que un político resuelto y sin escrúpulos imponga gradualmente sobre sus gobernados un programa de controles similares a los soviéticos, si bien nunca les llamará así. Y es justo el simple maquillaje terminológico lo que ha logrado que las aberraciones socialistas no sólo perduren, sino que sean paladeables por mucha más gente de la que nos gustaría reconocer. Incluso en los Estados Unidos, el experimento liberal más exitoso de la historia, una buena parte de la población se muestra receptiva al socialismo (un sondeo del 2019 revela que el 40% de los estadounidenses lo ve con buenos ojos).[24] Claro, no es que dichos ignorantes pidan que el gobierno expropie fábricas y empresas, que asigne directamente los trabajos, que sólo exista una marca de leche y que se distribuya en tiendas estatales; sólo quieren que "ponga límites a las trasnacionales para que no destruyan el planeta", que no permita que "los ricos evadan impuestos" y que brinde "educación y salud gratuitas y de calidad". Todo les parece muy bien porque no reflexionan que semejantes "derechos" se pagan con recursos que se quitan, directa o indirectamente, a los propios "beneficiarios", y que una vez que un régimen se sube al tobogán de los programas sociales ya no hay vuelta atrás y sólo es cuestión de tiempo para que empiece a monetizar deuda y empobrecer a la ciudadanía.

Si hay elecciones en tu país y alguno de los partidos empieza a hablar ya no digamos de "socialismo", sino tan sólo de introducir algunas de las siguientes medidas, ponte en guardia:

---

[24] Véase Mohamed YOUNIS, "Four in 10 Americans Embrace Some Form of Socialism"

1) Nacionalizar el sector energético, los caminos, las minas, las telecomunicaciones, etcétera.

2) Perseguir una mítica "autosuficiencia alimentaria" a través de subsidios, "precios máximos" o "redistribución de la tierra".

3) Cerrar el país a las importaciones para "fortalecer la industria nacional".

4) Educación gratuita en *todos* los niveles.

5) Establecer un "sistema de salud universal".

6) Implementación de extensos "programas sociales" ("becas a desempleados", "cupones de combustible", "útiles escolares gratuitos", etcétera).

7) Abolir la autonomía del banco central.

8) Un sistema de pensiones "solidario".

9) "Estimulación de la economía" con proyectos de infraestructura que, en el fondo, constituyen puros elefantes blancos.

10) Un esquema fiscal "progresivo" (es decir, que entre más ganas, más pagas).

No se requiere que un país se vuelva una cárcel masiva como Cuba o Corea del Norte: basta con que el gobierno aplique algunos de los desatinos mencionados para que la calidad de vida de la gente se deteriore poco a poco. Si el gobierno agranda sus clientelas políticas y reúne poderes discrecionales atacando a las instituciones que pudieran hacerle contrapeso —poder judicial, organismos de contraloría, medios de comunicación y organizaciones civiles—, en ese instante hay que pasar a la ofensiva. Lo "bueno" de que las finanzas de un país no se destruyan de un día para otro es que durante la etapa de gestación es posible acumular la riqueza suficiente para huir o, al menos, enfrentar la crisis con los números a tu favor.

Cuando ya es innegable que los precios suben a un ritmo que rebasa el 20% anualizado, que existe un déficit superior al 100% del PIB y que el régimen no disimula su autoritarismo y su demagogia para esconder la realidad, es el momento de huir. Marcharte constituye la mejor defensa, y no es difícil hacerlo si has acumulado un buen patrimonio y posees habilidades para las que existe demanda en cualquier país del mundo (por ejemplo, dominio del inglés, aptitud para las ventas, conocimientos de albañilería, plomería, carpintería, programación, etcétera). El desarraigo es doloroso, pero preferible a desangrarse gota a gota en el abismo.

Si esperas demasiado, un día te encontrarás con que desaparecieron tus opciones. Durante lo peor de la crisis, el régimen cerrará las fronteras e impedirá la salida de capitales (claro, sólo a la población común y corriente: la clase política y sus amigos sacarán todo el dinero que gusten). Esas acciones son inevitables ya que, una vez desatado el pandemonio, muchos que anteriormente afirmaban que por ningún motivo abandonarían su país se dan cuenta de que ahora tienen multitud de razones para hacerlo. Es imperativo acumular toda la riqueza posible y discurrir un plan de fuga antes de que sea demasiado tarde.

Ahora bien, es concebible que, aun teniendo recursos, haya quienes no puedan abandonar su país (por ejemplo, adultos mayores o con enfermedades crónicas, así como los parientes que los cuidan). Para ese grupo, cuyas razones son comprensibles y respetables, debemos repasar algunas estrategias para sobrevivir a la destrucción de la economía.

Un gran libro pionero sobre el tema es *The Alpha Strategy* (1980), del intelectual libertario John Pugsly, quien lo escribió como respuesta a las presiones inflacionarias que traumatizaron a los estadounidenses con el fin del patrón-cambio oro. La estrategia alfa consiste básicamente en que al advertir que el poder adquisitivo de la moneda *fiat* va en declive nos dediquemos a atesorar artículos de consumo perdurables (papel de baño, detergente, leguminosas, comida enlatada, azúcar, etcétera) y que los utilicemos como depósitos de valor y, en condiciones extremas, como medios de cambio.[25] Los inconvenientes de la estrategia alfa, sin embargo, son que pide un sitio para almacenar y que expone a sus practicantes a la persecución del régimen, que tachará de "acaparadores" a los que sólo cometieron el crimen de ser más precavidos.

Tus posibilidades de sobrevivir se multiplicarán si haces "importaciones hormiga" con ayuda de contactos en el extranjero y si dispones de una casa para esconder provisiones o para cultivar legumbres y criar gallinas y cerdos. Asimismo, considera de vida o muerte abrir abundantes canales de comunicación con familiares y amigos, pues los pocos bienes de consumo disponibles pasarán de mano en mano con cautela.

No olvidemos que es fácil reconocer un régimen destructor: si otorga "ayudas" o pensiones exorbitantes, subsidia combustibles y alimentos, ofrece espectáculos gratuitos y servicios financieros "populares", y los costos de dichas dádivas se cubren con déficit, ten miedo, mucho miedo.[26]

---

[25] Notemos que la estrategia alfa es eficaz también en entornos de inflación moderada si hacemos compras "en bulto" de artículos en oferta.

[26] Dado el escenario anterior, casi me atrevo a decir que las dos señales que constituyen el grito de "¡abandonen el barco!" son el establecimiento de una política de nacionalizaciones y la supresión de la autonomía del banco central.

El gobierno inglés fue el último que quiso pagar su deuda apretándose el cinturón. Hace décadas que todos los gobiernos financian sus déficits con devaluaciones, es decir, haciendo que los ciudadanos sacrifiquen su poder adquisitivo para pagar indirectamente lo que la clase política se apropia. No permitas que te lo hagan a ti.

CONCLUSIÓN

El dinero *fiat* es un producto de la violencia estatal y sólo persiste gracias a la violencia estatal. Lo utilizamos porque es lo único que la clase gobernante admite para abrir cuentas bancarias y pagar tarifas, impuestos y multas. Sin embargo, es un hecho ineludible que toda institución sustentada en la violencia es inherentemente frágil y engendrará reacciones por parte de los miembros más informados e individualistas de la sociedad. Aunque el dinero *fiat* nos sirve en la práctica para hacer intercambios y almacenar valor, lo cierto es que el sistema que se ha construido sobre él, aparte de injusto, es muy peligroso, pues por su propia naturaleza estará expuesto perpetuamente a que la clase gobernante abuse de él. Como admitimos páginas atrás, por ahora sólo podemos recurrir a estrategias defensivas individuales, pues no existen las condiciones para un cambio a gran escala.

Con todo, tenemos la obligación de resistir, y no sólo por beneficio personal, sino para ofrecer un mundo más libre a nuestros descendientes. La venenosa negatividad de los "progres" y los socialistas no anula el desarrollo ético de los seres humanos, desarrollo que ha de seguir si defendemos y expandimos nuestra libertad. Lo anterior puede probarse con un simple experimento imaginario: si concebimos una democracia moderna en donde el 70% de la población, por sus rasgos fisionómicos, constituye una etnia, ¿es factible que algún partido político proponga que, de ganar las elecciones, el grupo mayoritario esclavice a los otros? Lo anterior es absurdo. ¿Por qué? Porque ya asimilamos la idea de que la libertad es un derecho indiscutible, lo que imposibilita que nadie pretenda un retorno de la servidumbre como se practicaba en la Roma imperial o en la Rusia de los zares.

Claro, tampoco es que haya sido una trayectoria lineal, uniforme ni libre de retrocesos, como lo demuestra la persistente seducción de las plataformas socialistas o la cuasi-esclavitud que viven las mujeres en las dictaduras islámicas. Aún hay mucho por hacer, sobre todo en el combate a formas de explotación más sutiles e insidiosas. De entrada, en todo el mundo los hombres y las mujeres han sido educados para que perciban como normal el cobro de impuestos y la fabricación de moneda *fiat*, los cuales permiten a las mafias de políticos explotar "legalmente" a los ciudadanos. La única forma de suprimir estas injusticias es exponer su funcionamiento y cómo atentan contra el valor absoluto de la libertad.

Aunque aún somos pocos los que levantamos la voz para denunciar estas abominaciones, lograremos desterrarlas en la medida que persistamos. Entonces la monetización de la deuda pública, la creación de dinero-crédito y la manipulación de las tasas de interés serán proscritas definitivamente, tal como ha ocurrido con la esclavitud institucional.

Poco se sabe con precisión acerca de Bernard von NotHaus. Estudió artes y arquitectura en la Universidad Estatal de Kansas, y en 1974 fundó la Royal Hawaiian Mint, una empresa dedicada a acuñar monedas conmemorativas sobre la historia de Hawaii. Durante los veinticinco años que dirigió la Royal Hawaiian Mint, von NotHaus se volvió un experto en numismática y publicó diversos libros y artículos sobre teoría monetaria.

Resuelto a combatir el fraude y el despojo velados que constituía la creación de dinero *fiat* por parte de la Fed, el 1º de octubre de 1998 presentó una moneda llamada *Liberty Dollar*, que propuso como un medio de cambio alternativo y a prueba de inflación. El *Liberty Dollar* contenía una onza de plata y su valor nominal era de 20 dólares. Von NotHaus dijo explícitamente que no constituía "dinero de curso legal", es decir, que no servía para pagar impuestos ni tenía el respaldo del gobierno estadounidense. Sólo era un producto con el que las personas podían hacer trueque si así lo deseaban.

Von NotHaus pretendió curarse en salud con sus declaraciones. Sin embargo, el *Liberty Dollar* constituía un desafío al sistema legal de explotación, y el gobierno reaccionaría en su contra tarde o temprano. En el 2006 la polémica entre Von NotHaus y el Departamento del Tesoro y la Casa de Moneda de los Estados Unidos comenzó a calentarse, hasta llegar a un punto sin retorno en noviembre del 2007, cuando el FBI y el Servicio Secreto irrumpieron en sus oficinas y decomisaron todas las monedas y el mineral en su poder. El acoso se recrudeció hasta que en junio del 2009 Von NotHaus fue acusado de conspiración, fraude y falsificación. En marzo del 2011 se le declaró culpable. Anne M. Tompinks, una fiscal de un distrito próximo al que atrajo el caso, declaró públicamente que el *Liberty Dollar* constituía una forma de "terrorismo doméstico", creado para desestabilizar al país. Si bien Von NotHaus nunca pisó la cárcel (sólo estuvo algunos meses en arresto domiciliario), en realidad no hacía falta: el objetivo de fondo era desalentar cualquier iniciativa en pro de un dinero libre, y eso se había logrado.

¿O no?

En otoño del 2007, una veintena de vecinos del estado de New Hampshire se unió para discutir de qué forma podían promover el uso del *Liberty Dollar*, y con ese fin programaron una asamblea, a realizarse en noviembre. Días después, sin embargo, ocurrió el allanamiento a las oficinas de Von NotHaus. Sobreponiéndose al shock, el grupo decidió que su enfoque debía cambiar de promover el *Liberty Dollar* a promover el uso de la plata en sí como medio de cambio.

No les fue difícil deducir que el gran problema del *Liberty Dollar* había sido, precisamente, lo desafiante de su nombre y de su forma. Para sobrevivir, el medio de cambio alternativo no sólo tendría que prescindir del nombre de *dólar*, que el gobierno trataba como su propiedad absoluta, sino incluso de la propia tecnología de la moneda. Además, su producción tendría que descentralizarse para no ofrecer un blanco fácil como le ocurrió a la Royal Hawaiian Mint.

Tras debatir concienzudamente sobre los mencionados requisitos, el grupo dio con una ingeniosa solución: colocar laminillas de plata y oro en micas de plástico transparente que cupieran cómodamente en una billetera tradicional. Y así nacieron las tarjetas *Shire Silver*.

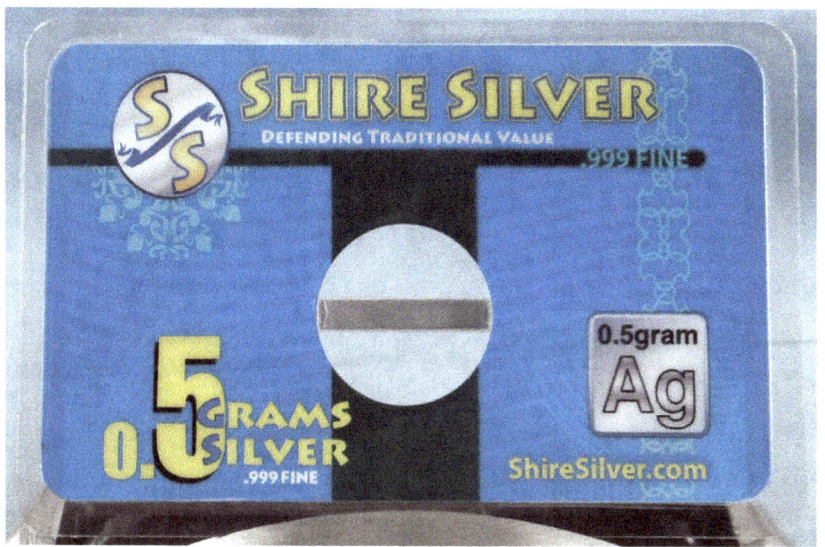

Fuente: *https://shiresilver.com/catalog/cards/silver_half_gram_card*

En la página oficial del proyecto *Shire Silver* se pueden adquirir tarjetas en seis denominaciones distintas, que van desde el medio gramo de plata (con un precio de un dólar), hasta el medio gramo de oro (con un precio de 40 dólares). En dicha página se encuentra toda la historia de la iniciativa *Shire Silver*, mapas con la ubicación de algunos negocios que aceptan las tarjetas como forma de pago, e incluso una serie de instrucciones y una plantilla en Adobe Illustrator para que quien lo desee pueda fabricar las suyas según parámetros definidos.

Por lo que sé, las tarjetas han tenido poca difusión (si bien disfrutan de cierta popularidad en los círculos libertarios de su nativa New Hampshire) y no parece que su práctico y elegante diseño baste para opacar el prestigio de las monedas o la fluidez del dinero *fiat*. Lo que importa, empero, no es si podrán o no prevalecer, sino que corroboran, una vez más, que el dinero es una tecnología en constante evolución y que el ansia de una moneda sólida y libre es tan fuerte que se abrirá camino ante cualquier obstáculo.

¿Cuál es el futuro del dinero? Nadie puede afirmarlo con exactitud. Y si bien estoy convencido de que la moneda *fiat* está condenada a desaparecer, lo más probable es que ninguno de los que ahora vivimos lo presencie. Sólo nos queda el consuelo de ver los augurios iniciales.

Con las irreversibles y beneficiosas tendencias hacia la globalización y la digitalización que predominan actualmente es imposible que nos apetezca volver a usar sólo dinero físico. Incluso en los círculos libertarios cada día son más quienes consideran nobles reliquias al oro y la plata, y que ven el futuro del dinero en las flamantes *criptomonedas*, que nos seducen con la posibilidad de permitir transacciones anónimas, seguras y sin límites ni intermediarios.

Desgraciadamente, las criptomonedas también son problemáticas. La más conocida en la actualidad es el *bitcoin*, pero hay muchas otras, como el *etherium* o el *litecoin*, por mencionar sólo dos. Y si bien nada impide que coexistan muchas de ellas (después de todo, hace siglos que funciona un mercado de dinero que baraja eficientemente docenas de divisas en libre flotación), para que eso ocurra tienen que desarrollarse mecanismos para que las distintas plataformas "se den la mano" y garanticen transacciones rápidas y eficientes, cosa que aún no ocurre.

Los usuarios también tendríamos que lidiar con el ineludible problema de las fluctuaciones de valor. Aunque el *bitcoin*, por la forma como fue diseñado, es inmune a perturbaciones inflacionarias porque nunca sobrepasará los 21 millones de unidades, su valor sí se verá afectado por la presión de las otras criptomonedas, que constituyen una tecnología de acceso libre y que no obedece a las limitaciones materiales del dinero de metal. Si surge alguna que brinde un beneficio agregado considerable (mayor estabilidad, seguridad, rapidez, etcétera) puede hundir el valor del *bitcoin*.

Ahora, independientemente de lo impredecible de su evolución, en el núcleo de las criptomonedas hay algunas peculiaridades que parecen contradecir la teoría económica. Como ya vimos, el "dinero natural" siempre ha evolucionado a partir de bienes que resultaban valiosos en sí mismos por alguna utilidad anterior que les atribuían las personas. Las criptomonedas no parecen cumplir con dicha condición porque, en última instancia, son productos inmateriales creados por desarrolladores de software. ¿De dónde surge su valor, ya que no sólo carecen de una utilidad no monetaria, sino que ni siquiera pueden existir aparte de una red para transferirlas?

Según el pensador libertario Jeffrey Tucker, el *bitcoin* y otras criptomonedas tienen valor justo porque no las podemos considerar separadas de la red en la que existen, y que dicha red, al permitir el flujo y el registro de datos entre las personas, es lo que brinda a las criptomonedas el valor intrínseco imprescindible para transformarse en dinero. En otras palabras, las gente no valúa los *bitcoins* en sí, sino la plataforma de intercambio y contabilidad que constituyen.

La anterior es una tesis muy sugestiva, pero no del todo convincente. Si bien es verdad que las criptomonedas incluyen ventajas transaccionales muy superiores a las de cualquier forma anterior de dinero, en la medida en que son inseparables de una red dependen forzosamente de maquinaria y energía, por lo que no constituyen instrumentos de cambio superiores en todos los sentidos a las monedas, que son menos vulnerables e incluso permiten una mayor anonimidad en las transacciones.

Algunos creemos que la respuesta se sitúa entre lo material y lo digital, en la unión de los medios de cambio físicos y la tecnología que subyace a las criptomonedas. No es difícil concebir el surgimiento de compañías privadas que se dediquen a monetizar libremente los metales preciosos, exactamente como hizo el banco de Ámsterdam hace cuatrocientos años, y que nos brindaran un medio de cambio libre de constricciones geográficas, universalmente aceptado y a un costo menor que el de las redes del actual sistema financiero. Más aún, en los últimos años han surgido algunas iniciativas denominadas genéricamente como *digital gold currencies* (DGC por sus siglas en inglés), y que si bien se han visto manchada por prácticas fraudulentas (la decepción más escandalosa fue la de *e-gold* en 2008), mantienen viva la esperanza.

Es casi seguro que el medio de cambio que acabará con la moneda *fiat* aún no haya nacido. El régimen que nos oprime seguirá en operaciones hasta que la mayoría de los ciudadanos conozca el mecanismo y los efectos de la reserva fraccionaria y de la monetización de la deuda pública. Mientras ocurre, instamos a la gente a que utilice con sensatez el dinero *fiat* y a que elabore una estrategia para acumular y preservar tanta riqueza como le resulte posible.

Siempre desconfío de los que habla mal del dinero. Quienes afirman que "el dinero es la raíz de todos los males", que "corrompe" y que "no compra la felicidad", resultan en el mejor de los casos unos ingenuos y en el peor unos resentidos (los cuales, cabe añadir, militan abrumadoramente en el bando de los socialistas y los "progres"). Cualquier moneda que obtengamos de forma honrada es la transmutación de la energía y el tiempo con los que servimos a los otros. Una vez que lo razonamos, la conclusión inevitable es que apreciar el dinero es, literalmente, apreciar la vida.

Obtener dinero es obligatorio para participar plenamente en el mercado y recibir sus bendiciones; de igual forma, también lo requerimos para planear a futuro y para sobrevivir en la vejez. Pero más allá de las razones estrictamente utilitarias, su acumulación constituye un *imperativo moral*. Las personas adineradas disponen de más tiempo libre para perseguir sus propios intereses y desarrollar sus talentos, para crear arte, generar conocimiento o, simplemente, disfrutar de las creaciones de otros. Asimismo, el dinero multiplica nuestra aptitud para proteger a nuestros seres queridos y para practicar la filantropía. Su posesión no envilece, todo lo contrario: es uno de los requisitos de la libertad.

Si no lo entendamos así, jamás controlaremos nuestro destino.

FUENTES

Teoría

BANCO DE MÉXICO, "Política monetaria e inflación", en http://www.banxico.org.mx/divulgacion/politica-monetaria-e-inflacion/politica-monetaria-inflacion.html#Determinantesdecortoylargoplazodelainflacion, consultado el 29 de mayo de 2018

HUERTA DE SOTO, Jesús, *Dinero, crédito bancario y ciclos económicos*. 4ª ed. Madrid: Unión Editorial, 2009, XXIX + 685 pp.

JOHNSSON, Richard C.B., "The Fundamentals of a Falling Dollar". Mises Daily Articles, 15 de diciembre de 2003. Consultado el 31 de diciembre de 2018

KEYNES, John Maynard, *Teoría general de la ocupación, el interés y el dinero*. México: FCE, 2014 [Edición Kindle]

MENGER, Carl, *On the Origins of Money*. Introduction by Douglas E. FRENCH. Auburn Alabama: Ludwig von Mises Institute, 2009 [Kindle Edition]

MISES, Ludwig von, *La teoría del dinero y del crédito*. Trad. de Juan Marcos DE LA FUENTE. Madrid: Unión Editorial, 1997 [Digital]

RALLO, Juan Ramón, *Contra la* modern monetary theory. *Los siete fraudes inflacionistas de Warren Mosler*. España: Unión Editorial, 2015 (Biblioteca de la Libertad Formato Menor, 20) [Edición Kindle]

RALLO, Juan Ramón, *Los errores de la vieja economía. Una refutación de* La Teoría General del Empleo, el Interés y el Dinero *de John Maynard Keynes*. 2ª edición revisada. Pról. de Jesús HUERTA DE SOTO. Madrid: Universidad Francisco Marroquín/Unión Editorial, S. A., 2012 [Edición Kindle]

ROTHBARD, Murray N., *Man, Economy, and State. A Treatise on Economic Principles, with Power and Market. Government and the Economy*. 2nd Edition. Auburn Alabama: Ludwig von Mises Institute, 2009 [Kindle Edition]

ROTHBARD, Murray N., *The Mystery of Banking*. 2nd Edition. Auburn, Alabama: Ludwig von Mises Institute, 2008 [Kindle Edition]

SHOSTAK, Frank, "Purchasing Power and the Exchange Rate". *Mises Wire*, 18 de octubre de 2018. Consultado el 31 de diciembre de 2018.

Historia

BAGUS, Philipo, *The Tragedy of the Euro*. Auburn, Alabama: Ludwig von Mises Institute, 2010 [Kindle Edition]

BRESCIANI TURRONI, Costantino, *The Economics of Inflation. A Study of Currency Depreciation in Post-war Germany*. With a Foreword by Lionel ROBBINS. USA: Hesperides Press, 2013 [Kindle Edition]

DAVIES, Glyn, *A History of Money. From Ancient Times to the Present Day*. Cardiff: University of Wales Press, 2002, xix + 720 pp.

EBELING, Richard M., "How Roman Central Planners Destroyed Their Economy", in https://fee.org/articles/how-roman-central-planners-destroyed-their-economy/?utm_source=facebook&utm_medium=learnliberty&utm_content=FEE

FERGUSON, Niall, *The Ascent of Money. A Financial History of the World*. New York: The Penguin Press, 2008 [Kindle Edition]

FERGUSSON, Adam, *When Money Dies. The Nightmare of Deficit Spending, Devaluation, and Hyperinflation in Weimar Germany*. New York: Public Affairs, 2010 [Kindle Edition]

FOLSON, Burton W., *The Myth of the Robber Barons*. USA: Young America's Foundation, 2010 [Kindle Edition]

FRENCH, Douglas E., *Early Speculative Bubbles and Increases in the Supply of Money*. 2nd Edition. USA: Ludwig von Mises Institute, 2009 [Kindle Edition]

GRIFFIN, G. Edward, *The Creature from Jekyll Island. A Second Look at the Federal Reserve*. 5th Edition. USA: American Media, 2010 [Kindle Edition]

HASKELL, H. J., *The New Deal in Old Rome. How Government in the Ancient World Tried to Deal with Modern Problems*. New York: Alfred A. Knopf, 1947 [Digital]

HASLAM, Philip, with Russell LAMBERTI, *When Money Destroys Nations. How Hyperinflation Ruined Zimbabwe, How Ordinary People Survived, and Warnings for Nations than Print Money*. USA: 2015, 256 pp.

HAZLITT, Henry, *The Conquest of Poverty*. New York: The Foundation for Economic Education, 1996 [Digital]

KARADIMA, Óscar, Ph. D., *Salvador Allende. Quiebre institucional en Chile 1970-1973. Situación similar en la actual Venezuela*. Santiago, Chile: marzo de 2018 [Edición Kindle]

MACLEOD, Alasdair, "John Law y la burbuja de Mississippi: 300 años después", en *Mises Wire*, 09/08/2018 [recuperado en https://mises.org/es/wire/john-law-y-la-burbuja-de-mississippi-300-a%C3%B1os-despu%C3%A9s, el 17 de noviembre de 2019]

MUÑIZ, Benjamín, "Partes de una moneda", en *Divulgación numismática*. http://bencoins.com/partes-moneda.htm, consultado el 9 de octubre de 2016

OATES, Whitney J., "The population of Rome", en *Classical Philology*. Vol. 29, No.2 (Apr. 1934), pp. 101-116 [recuperado de http://penelope.uchicago.edu/Thayer/E/Journals/CP/29/2/Population_of_Rome*.html]

REIMANN, Günter, *The Vampire Economy. Doing Business Under Fascism.* Alabama: Ludwig von Mises Institute, 2007 [Kindle Edition]

ROJAS, Mauricio, *Argentina. Breve historia de un largo fracaso.* Argentina: TEMAS Grupo Editorial/Fundación Libertad, 2013 [Edición Kindle]

SÁNCHEZ DE LA CRUZ, Diego, "Así hundió la economía chilena Salvador Allende, el marxista-leninista al que admira Iglesias". En *Libre mercado*, 2016-06-22 [https://www.libremercado.com/2016-06-22/asi-hundio-la-economia-chilena-salvador-allende-el-marxista-leninista-que-admira-iglesias-1276576804/]

SUAREZ, Rasiel, "Decline of the Antoninianus" [imagen], recuperado de *Wikimedia Commons*, el 24 de septiembre de 2017 [https://commons.wikimedia.org/wiki/File:Decline_of_the_antoninianus.jpg]

WOODS, Thomas E., "The Revolutionary War and the Destruction of the Continental", en *Mises Daily Articles.* 11/11/2006 [https://mises.org/library/revolutionary-war-and-destruction-continental]

Eventos recientes

"Arabia Saudita aumenta los sueldos y prestaciones para compensar el impacto del IVA", en *El correo del Golfo.* 6 de enero de 2018 (Consultado en https://elcorreo.ae/economia/arabia-saudita-aumenta-sueldos-prestaciones-para-compensar-impacto-iva, el 17 de agosto de 2019)

"Chávez: «Comencé pidiendo un millardito y ahora son seis»", en *La Voce d'Italia.* Luglio 21, 2005 (Consultado en https://voce.com.ve/2005/07/21/26343/chavez-%C2%ABcomence-pidiendo-un-millardito-y-ahora-son-seis%C2%BB/, el 23 de abril de 2019)

175

"Economía de Venezuela" en https://es.wikipedia.org/wiki/Econom%C3%ADa_de_Venezuela, consultado el 16 de abril de 2019

"Over 200 years of historical annual Gold Prices", en http://onlygold.com/Info/Historical-Gold-Prices.asp (consultado el 12 de enero de 2019)

BRADSHER, Keith, "China's Housing Market Is Like a Casino. Can a Property Tax Tame It?". The New York Times, January 22, 2018 (consultado el 4 de septiembre de 2018)

COLLINS, J. L., *The Simple Path to Wealth. Your Road Map to Financial Independence and a Rich, Free Life*. USA: JL Collins, 2016 [Kindle Edition]

FRENCH, Douglas E., *Walk Away. The Rise and Fall of the Home-Ownership Myth*. LvMI: Auburn, Alabama, 2010 [Kindle Edition]

GRIFFITHS, Sarah, "Hoard of 5,000 Anglo Saxon coins unearthed: Treasure includes a 'unique' penny and may be worth more than £1million", en *Dayly Mail*, 2 de noviembre de 2015 [http://www.dailymail.co.uk/sciencetech/article-3300623/Hoard-5-000-Anglo-Saxon-coins-unearthed-Treasure-includes-unique-penny-worth-1million.html]

KYRIAKIDOU, DINA, "In Greece you get a bonus for showing up for work". En *The Star*. April 28, 2010. Consultado el 28 de mayo de 2018. [https://www.thestar.com/business/2010/04/28/in_greece_you_get_a_bonus_for_showing_up_for_work.html]

MOMANI, Bessma, "GCC Oil Exporters and the Future of the Dollar Forthcoming in New Political Economy" (PDF). Recuperado de http://www.arts.uwaterloo.ca/~bmomani/Documents/NPE_GCC_Oil_Exporters.pdf, el 13 de enero de 2019
OECD, *Under Pressure: The Squeezed Middle Class*. Paris: OECD Publishing, 2019. (Recuperado de https://doi.org/10.1787/689afed1-en)

PUGSLEY, John A., *The Alpha Strategy. The Ultimate Plan of Financial Self-Defense*. USA: The Common Sense Press, Inc., 1980 [Digital]

RMB Tracker. *RMB internationalisation: Where we are and what we can expect in 2018*. PDF. January 2018. (Recuperado de https://www.swift.com/resource/rmb-tracker-january-2018-special-report, el 12 de enero de 2019)

SANANDAJI, Nima, *The Swedish Model Reassessed. Affluence Despite the Welfare State*. Finland: Libera Institute Ltd., 2011, 32 pp. [PDF]

SCOTT, Malcolm, y Cedric SAM, "Here's How Fast China's Economy Is Catching Up to the U.S.". En Bloomberg, May 24, 2018 (consultado el 13 de enero de 2019)

SITO, Peggy, y LIU Pearl, "China property: how the world's biggest housing market emerged", en *South China Morning Post*. 26 Nov., 2018 (Consultado   en https://www.scmp.com/business/article/2174886/american-dream-home-ownership-quickly-swept-through-china-was-it-too-much, el 19 de mayo de 2019)

TUCKER, Jeffrey, "Bitcoin and Mises's Regression Theorem". En https://tucker.liberty.me/bitcoin-and-misess-regression-theorem/ (consultado el 26 de agosto de 2018)

VON NOTHAUS, Bernard, http://www.libertydollar.org/index.php. Consultado el 24 de agosto de 2018

Acerca del autor

Elías Rivera (1979) estudió Letras Hispánicas en la Universidad Nacional Autónoma de México y es autor de los libros *El hombre más peligroso* (2003), *La poética del código verde* (2010), *La clave para obtener lo que deseamos* (2013), la novela *Los recintos del tiempo* (2014) y el ensayo de divulgación *El remedio para la estupidez económica* (2015). También es editor y traductor, y regularmente publica crítica cinematográfica y ensayos sobre temas sociales, científicos y económicos en la revista *Capitalismo* y en *El blog del aguafiestas*.

Otros títulos de Voces Témporis

Elías Rivera, *El remedio para la estupidez económica. Todo lo que necesitas saber para valorar tu trabajo y disfrutar del capitalismo*

Si alguna vez has pensado que trabajar es sinónimo de "esclavitud"; si cada día que pasa te cuesta más levantarte y disfrutar de tu empleo; si piensas que tu jefe se hace rico a costa tuya, entonces este libro es para ti. En *El remedio para la estupidez económica* (el complemento de *La clave para obtener lo que deseamos*), el crítico Elías Rivera se confiesa y nos ofrece un relato de sus patéticos inicios como asalariado, de cómo fue que abrió los ojos a la realidad y dejó de ser un "idiota económico".

En las páginas de este libro encontrarás las guías imprescindibles para interpretar correctamente tu realidad económica, así como estrategias concretas con las que mejorarás tu situación laboral y personal.

Orison Sweet Marden, *Cómo fue que tuvieron éxito*

Esta obra que captura como pocas el espíritu del siglo XIX. En sus páginas encontramos a un grupo de figuras increíblemente diversas, desde John D. Rockefeller, el hombre más rico de todos los tiempos, pasando por gigantes mercantiles como John Wanamaker y Philip D. Armour, hasta un inventor legendario, Thomas Alva Edison, y una divulgadora de la astronomía, la apasionada Mary E. Proctor. Estos personajes tan distintos, sin embargo, están hermanados por características similares: todos fueron de origen humilde, pero dotados con una indestructible voluntad para superarse y aprender, para trabajar por sus sueños y servir creativamente a sus semejantes. Sus vidas continúan siendo modelos de conducta de los cuales los hombres y las mujeres en la actualidad pueden aprender muchas cosas que les ayudarán a progresar tanto en lo profesional como en lo económico.

Esta edición de Cómo fue que tuvieron éxito contiene las trece entrevistas más representativas de la obra, todas inéditas en español, acompañadas de notas y de un ensayo introductorio que contribuye a la apreciación de uno de los periodos históricos más deslumbrantes y, a la vez, más incomprendidos.

SERIE "VOCES CLÁSICAS"

Roberto Arlt, *300 millones*

Una joven sirvienta considera el suicidio para escapar del abuso y la penuria en la que vive. Pero entonces se le presenta Rocambole, el ladrón justiciero, y su existencia da un giro maravilloso al enterarse de que ha heredado una colosal fortuna.

La primera obra dramática de Roberto Arlt constituye casi un milagro: una tragedia que al mismo tiempo es una comedia; un historia surrealista que en el fondo es profundamente realista; una penetrante reflexión acerca del vínculo entre el ser humano y sus creaciones... y todo ello en un lenguaje sumamente accesible y con una trama que mantiene el interés en todo momento.

Heriberto Frías, *Tomóchic (Edición anotada)*
El joven Miguel Mercado es enviado con su batallón al norte de México a sofocar una rebelión de montañeses, sin sospechar el escenario de locura y barbarie al que se verá precipitado.

Esta novela testimonial constituye uno de los relatos de guerra más personales e intensos que se han escrito, y su exploración del conflicto entre el orden civil y el fanatismo religioso resulta hoy quizá más relevante que hace cien años.

Samuel Johnson, *La historia de Rasselas*
El príncipe Rasselas ha pasado toda su vida en el Valle Feliz, un lugar donde no existen las carencias ni el dolor. Su vida está llena de placeres, pero no se siente satisfecho. ¿En dónde encontraremos la verdadera felicidad? *La historia de Rasselas* es un clásico de la literatura inglesa y uno de los mejores cuentos filosóficos de todos los tiempos.

Herman Melville, *Bartleby*
Un abogado neoyorkino solicita un asistente para hacer copias de sus documentos y con ese fin contrata a un escribano de nombre Bartleby. Lejos está el abogado de imaginar que aquel joven taciturno y circunspecto lo precipitará a un torbellino de angustias y perplejidades.

Voces Témporis se complace en ofrecer a sus lectores esta nueva traducción de *Bartleby*, completamente fiel al estilo de Melville, acompañada de notas explicativas y de un ensayo introductorio que arroja luz sobre la vida de su autor y sobre los innumerables misterios y artificios de esta gran novela.

SERIE "VOCES NUEVAS"

Paulina Melgoza, *Ensueños desdoblados*
Este libro contiene una selección de cuarenta y tres prosas poéticas en las que los sueños, las muñecas de porcelana, los espejos rotos, los silencios y las evocaciones constituyen los motivos más recurrentes.

Escrito en la tradición de la prosa rítmica, *Ensueños desdoblados* es una obra completamente personal, pero que cumple con el requisito indispensable de toda gran poesía: ofrecernos palabras para expresar los placeres, los dolores y los misterios de nuestra condición.

Elías Rivera, *El hombre más peligroso*
¿Qué pasaría si usáramos la ciencia y la tecnología para alcanzar una autonomía absoluta, para encontrar sentido a nuestra existencia o para destruir a Dios? Siete cuentos fantásticos y de ciencia-ficción en la línea clásica del género. Edición definitiva del décimo aniversario.

Elías Rivera, *Los recintos del tiempo*
Esta novela inicia con un joven matrimonio que se precipita al punto de quiebre ante la mesa del desayuno. Constituye el primero de 102 capítulos redondos e intensos en los que una verdadera multitud de individuos de todas las edades y condiciones se encuentran y enfrentan con toda su violencia, sus obsesiones, sus heridas secretas y sus fracasos, pero también con todo su coraje, su pasión, su bondad y sus ansias de vivir. Es un despliegue colosal tanto de lo peor como de lo mejor del ser humano.

Los recintos del tiempo es una novela muy ambiciosa y difícil de clasificar. Constituye, en suma, un intento por capturar el dinámico y evanescente significado de la existencia misma.

SERIE "VOCES CRÍTICAS"

Maurice Morgann, *An Essay on the Dramatic Character of Sir John Falstaff (Annotated Edition)*
Este ensayo pionero de la crítica romántica constituye una de las aproximaciones más originales que se han efectuado a la obra de William Shakespeare. Maurice Morgann intenta demostrar que Falstaff no fue concebido como un cobarde, y para ello aplica una técnica absolutamente revolucionaria: estudiar a un personaje literario como si fuera una persona real. (Este libro se encuentra disponible sólo en inglés.)

Alexander Pope y Samuel Johnson, *Prefacios a Shakespeare* (también en inglés: *Prefaces to Shakespeare*)
Los *Prefacios* de Alexander Pope y Samuel Johnson son una invitación a hacer un viaje en el tiempo a la época en que la humanidad daba sus primeros pasos en la interminable carrera por comprender el significado de Shakespeare. Pope realiza el primer intento formal por aprehender y

expresar sistemáticamente las excelencias del más gran de los dramaturgos, mientras que Johnson sintetiza los juicios de su época y los expande en una forma genial y personalísima, llena de sabiduría y agudeza. La lectura de estos textos constituye una experiencia liberadora, pues nos ayuda a desprendernos de las mistificaciones y los abusos teóricos que se han cometido en contra de Shakespeare durante los últimos doscientos años. (La edición incluye notas explicativas y un amplio estudio introductorio que cubre los primeros 150 años de la crítica shakesperiana).

Elías Rivera, *La poética del código verde*

A veinte años de su estreno, *The Matrix* ya se puede considerar un filme clásico, y no sólo por las innovaciones técnicas que introdujo y por su influyente estilo, sino porque su formidable originalidad ya pasa inadvertida para la mayoría de las personas. En *La poética del código verde*, el crítico Elías Rivera se dedicó a analizar la película y a confrontarla con sus propias reacciones para inferir el plan de los cineastas, exponer sus artificios y explicar lo que buscaban producir en nosotros. En ese sentido, esta obra es un intento por preservar el asombro deslumbrante que produjo el filme en sus primeros espectadores.

En el libro se explica además cómo las múltiples referencias en *The Matrix* —filosóficas, religiosas, cinematográficas y literarias— se articulan satisfactoriamente con el relato, y cómo su tono y su estilo se relacionan con la estética y la ideología de los discursos visuales y literarios de la marea posmoderna. *La poética del código verde* resultará de interés para quien quiera comprender los trucos y la magia de la narrativa cinematográfica, así como los lazos sutiles, y en ocasiones sorprendentes, entre temas, estilos y épocas.

www.ingramcontent.com/pod-product-compliance
Lightning Source LLC
Chambersburg PA
CBHW070336220526
45467CB00001B/144

* 9 7 9 8 3 9 1 6 7 9 4 4 8 *